すぐに役立つ！

資金繰りで困る前に読む本

城西コンサルタントグループ
神谷俊彦 編著

石神荘理・二和田裕章・水口若菜 著

アニモ出版

はじめに

「資金繰り」とは、「企業に必要なお金を工面すること」です。

経済環境が一段と厳しくなった現在、資金繰りについては社長が融資先を駆けめぐり頭を下げてまわっているとか、担当者が電卓をたたきながらどのくらいの資金が必要なのかの情報を集めている場面を想像するかもしれません。

しかし、本書を読まれる方は当然、「資金繰り」について理解されている経営や財務にかかわっている方が多いと思いますので、資金繰りが経営のど真ん中にある重要課題という認識をもっていることと思います。

これから会社を経営していこうという立場の方も、企業経営するとすぐに経営者の仕事が資金繰りであるということを思い知らされるでしょう。大企業の役員などから子会社のトップになる方も同じです。どんなアンケートをとっても、「資金繰り」は常に企業経営者の関心事のトップ3に入る経営課題なのです。

したがって本書は、資金繰りの基本を経営全般の視点から解説し、しっかりと基礎を押さえて、いい会社になることをめざしてもらう内容にしています。

私たち城西コンサルタントグループのメンバーは、公認会計士、税理士、中小企業診断士、行政書士などの士業の資格者や、銀行出身の関係者などで構成され、日々企業をサポートする活動を行なっています。その立場からみると、「資金繰りの問題」を押さえておかないと、「攻めの経営」に転ずることは難しいと感じています。

攻める会社の経営者は、企業のお金の流れをしっかりと押さえてから戦略を立てます。そのために財務担当者を定め、金融機関や外部顧問等との必要なコミュニケーションをとる体制をつくっているはずです。この流れを把握するために何が重要なのかを本書で解説

します。

　ただし実際には、頭のなかだけで理解しても、やってみると難しいというのが財務担当者の悩みです。しかも、財務や経理の担当者には、具体的に何をしなければいけないのか誰も教えてくれないどころか、成果をあげてもあまり評価されない地味なポジションにとどまっていると感じている方も少なからずいるでしょう。これでは、いい会社に向かっていくことは難しいのです。

　本書では、資金繰りの必要性やその背景に始まり、具体的な問題解決の手段まで順序だてて整理して解説していますが、あらかじめこの本の最終結論を簡単にいえば、「**しっかりとした『資金繰り表』をつくって経営管理しましょう！**」ということに尽きます。
　資金計画表や資金繰り表を作成している会社は少なくないかもしれませんが、経営計画に資金に関する課題を織り込んで従業員と共有できている会社は少ないようです。

　本書は、資金繰りという経営課題を通して「いい会社」になる手助けとなることを意識しています。資金管理についての悩みに応えて業務に役立つように、経営戦略的なものの考え方から具体的なやり方までしっかりと理解できる内容にしました。
　本書が経営の立場にいる方、そして財務管理や経理業務に携わっている方にとって、幅広くご支援の一助になれば、筆者一同こんなにうれしいことはありません。
　ぜひ、ご一読いただけるようお願いいたします。

　2023年1月　　　　　城西コンサルタントグループ 筆者一同

すぐに役立つ！ 資金繰りで困る前に読む本
もくじ

はじめに

2章 会社経営と資金繰りの重要性

3章 資金計画、資金繰り表の基本とつくり方

4章 資金計画の実行管理のしかたと悪化させる要因

5章 資金繰りの定常的なチェックと 対策の検討のしかた

6章 資金繰りのためにも金融機関を味方につけよう

7章 多様で幅広い資金調達方法と活用のしかた

カバーデザイン◎水野敬一
本文DTP＆図版◎伊藤加寿美（一企画）

1章

「資金繰りとは何か」を
理解しておこう

執筆 ◎ 神谷 俊彦

そもそも「資金繰り」とは何だろう？

金は天下の回りもの!?

「**資金繰り**」について理解するためには、まず「金は天下の回りもの」という言葉から学ぶ必要があります。

財務や会計の知識を有していても、「資金繰りとは何か」という問いかけに対して、簡単に説明できない人は意外と多く存在します。そういった知識のない一般社員なら、その業務内容を説明されてもちっとも理解できないことがよくあります。

「資金繰り」業務の大変さは、一般社員には理解されず、他人事に思われている節があることは、うすうす感じているのではないでしょうか。実は、担当者の苦労が周囲に理解されないところから、すでに「資金繰り」という仕事の難しさが始まっています。

資金繰りとは何か？

資金繰りとは、一言でいえば「**経営に必要な資金を工面する**」ということです。このことが、なぜ理解されないのでしょうか？

理由はいろいろあります。資金繰りは、内容をよく知る人ほど説明しきれなくなる複雑な業務です。担当者が説明できないのですから、一般社員に理解しろというほうが無理です。

資金繰りが難しく複雑な業務になる理由は簡単です。「資金繰り」に悩む会社はお金がないからです。ないお金を何とかしようとするのですから、大変に決まっています。お金がないから大変だということが、社員全体で共有化できれば、担当者はずっと動きやすくなります。

お金がない理由は貯えがないからですが、貯えがないのはふだんから貯めていないからです。当たり前ですが、資金繰りに悩まない

◎資金繰りとは「経営に必要な資金を工面する」こと◎

資金繰りは複雑で難しい業務！

なぜなら「会社にお金がない」から。ないお金を何とかしようとするから難しい。
しかも、一般社員にはその難しさが伝わりにくい！

ではどうすればいいか？

資金繰りに困らないためには、
お金をたくさん持っておけばいい！

ただし、本書はお金を稼げばいいということを解説する本ではありません。正しい資金繰りのしかたを実行する方法をテーマとしています！

ようにするには、お金をたくさん持っておけばいいのです。

　しかし、本書の読者はそんなことを期待して本書を手に取ったわけではないし、本書の目的もお金を稼ぐ方法を指南するわけではありません。しっかりとした**資金繰りを実行できるしくみをいかに構築するか**をテーマとしています。

　金は天下の回りものですが、回っていくためにどうしても必要なのは「**信頼**」です。お金が回るというのは、すべて「信頼」が基軸になっています。銀行を信頼し、取引先を信頼し、人を信頼して成立するのが金融システムです。だから自社にお金を回してもらうには、「信頼」を獲得することが基本です。

　資金繰り担当者の仕事は、自社の信頼を維持管理することです。したがって、問題はどうやって信頼維持を果たすか、ということであり、本書ではその基本的なことから応用まで解説していきます。

経営にとっての資金繰りとは

信頼を得るためにはどうする？

お金は信頼をもとに回っているので、企業は「信頼をどのようにして獲得しているか」が資金繰りの基本となります。

頭に入れておきたいキーワードは「現金」です。会社の成績を表わすには、売上と利益の数字がよく使われますが、企業評価をする専門家の人たちは「現金の流れ」をしっかりと押さえます。

利益が出ているのに現金が減ることがあるのは常識でしょう。利益は重要ですが、貯えの証しは現金（資金の保有）です。したがって、そのために何をするべきなのかを知っておくことが必要です。「資金繰り」を実践していくうえでは、まず「財務諸表の基礎知識」を持つことから始まります。

財務諸表について知っておきたいこと

本書を読まれる方は、経営者、財務担当者、経理担当者が多いと思うので、財務諸表などいまさらかもしれませんが、基礎的な話として避けられないので、「経営分析」について触れておきましょう。

経営分析は、会社の財務状況を知ることから始め、会社の全体像や問題点を把握していきます。企業活動の結果は、財務諸表で数値として表わされます。財務諸表とは、一般的に決算書といわれる書類のうち、金融商品取引法で上場企業などに作成が義務づけられている書類のことです。

そのなかでも、「貸借対照表」「損益計算書」「キャッシュフロー計算書」の３つを特に「財務３表」といいます。分析する際には、財務諸表から経営の収益性や健全性といった状況を知ることになります。この点はあとでも説明しますが、担当者であればすでによく

◎お金は信頼で成り立っている⁉◎

人々の信頼があるから、金融システムが成り立っている。企業というのは、信頼をなくすと金回りシステムから外れてしまい、経営破綻する！

企業は、何よりも信頼を維持しなければ成立しない存在！

信頼されるためには何をするのか？　それは、信頼を獲得するための「しくみ」を保有しておくことである。

そのしくみの象徴は？ → **経営計画書**である！

ご存じの内容なので詳細については記述しませんが、経営分析の主な手法には、収益性分析、安全性分析、生産性分析などがあります。

「企業の信頼」を勝ち取るためには、財務3表を読んでさまざまな角度から分析を行ない、必要があれば信頼を獲得するために対策をうち、関係者に示すことが財務担当者の仕事です。一般的には、金融機関で決められたフォーマットに返信する形で「信頼関係」を築いていることも多いでしょう。そこに現状の問題分析をして、企業の未来について確約をすることを求められているはずです。

こうなると、財務担当者の領域だけですむ話ではなく、経営者のコミットを含む経営全体の問題です。できるならば、金融機関からの質問に答えるだけでなく、毎年「**経営計画書**」を作成して、社内外に示すことが望まれます。資金繰りの意思をもって経営していると読み取ってもらうわけです（経営計画書については後述します）。

資金繰りと必要な資金の関係

🏢 資金繰りの基本は「出資」と「融資」

　資金繰りが大変なのはお金がないからだといいましたが、お金がありさえすれば資金繰りは大変ではありません。資金繰りを考えたときに、「お金があるという状態」は何も自社の金庫のなかや銀行口座に現金があることだけを意味しているわけではありません。

　企業は「出資」と「融資」で成り立っています。出資者は事業の成功に期待し、経営に参画することになります。出資手法としてあげられるのは、個人投資家やベンチャーキャピタル、クラウドファンディングなどによるもので、多くの場合には返さなくてもよいお金です。ただし、企業からの何らかのリターンが期待されます。

　一方、融資とは銀行などの金融機関や投資家からお金を借りることです。身近な言葉に言い換えるなら「借金」です。設備の購入資金や運転資金の調達が融資の対象となることが多いでしょう。

　企業には、出資をしている企業の持ち主（株主やオーナー）と企業を運営する経営者がいます。必要な資金をすべて自社で留保できれば、出資も融資も受ける必要はありません。しかし、現実としては難しいです。

　資金繰りは社長の責任ですが、お金が足りないならばオーナーに出資してもらえばいいでしょう。もっとも、オーナーとてお金が無尽蔵にあるわけではありませんから、安易に出資を続けることはできません。そこで、金融機関などから融資を受けるかまたは融資を受ける枠を設けて会社経営を進めます。

　だから、「**会社とは融資を受けるもの**」なのです。出資でも融資でも社長は預かった資金で会社経営を進め、利益という成果でお返しするわけです。

◎資金繰りというのは黙っていれば悪化するものである◎

ドラッカー氏はその著書でこう述べている。

「経営者は利益を重視するが、それは間違っている。利益よりも、キャッシュ、資本、管理が重要である」

ドラッカー氏の言葉は、利益が出ていても、今日払うお金がなくなれば経営破綻する。だから、そのお金を"見える化"して管理しようということを意味している！

黒字だからといって倒産しないわけではない

　事業を行なうためのお金が足りない状況を「**資金繰りの悪化**」といいます。資金繰り悪化の原因は、利益が出ていないことではなく、利益を出すために必要なお金（現金、キャッシュ）がないことです。

　資金繰りの悪化は「黒字倒産」を招きます。世にいう"**勘定あって銭たらず**"ですね。帳簿上は黒字だから「黒字倒産」といいますが、新聞等に赤字で倒産といわれるような会社も実態としては「金詰り倒産」です。このことは経営者や財務担当者には常識です。

　しかし頭ではわかっていても、キャッシュを貯めることよりも節税を優先する経営者は意外と多いのです。税金であろうと何であろうと出費することを本能で嫌がっているのかもしれません。

　また、無借金経営を理想と考える経営者もいます。ただし、無借金でも企業価値は必ずしも高いとはいえません。経営にはリスクがつきものですから、キャッシュがあるかどうかや金融機関といい融資関係を構築できているかどうかのほうが重要です。借金にも、いい借金と悪い借金があり、何が正解なのかは判断が必要ということです。

17

企業の資金繰りに関する現状

業況は何で判断するのか

　中小企業の経営者の悩みのタネとして「資金繰り」「売上・利益」「人材」の３つがあげられます。特に資金繰りは、どのような調査でも常に上位に来る悩みです。まさに危機の時代における重要な経営課題であり、それに応えられる経営計画が必要になります。

　金融機関から融資を受けたくても、お金を借りるのはそう簡単ではありません。「信頼という自助努力」も必要ですが、世間の風も読む必要があります。資金繰りに関する現状を把握するには、公的機関が発表する「**業況感**」と「**倒産件数**」を使うことが一般的です。

　業況感とは、景気がいいのか悪いのかの判断です。業況判断指数は非常によく使われますが、それは「日銀短観（日本銀行の全国企業短期経済観測調査）」で発表される景気の判断指数のことです。「景気がよい」と感じている企業の割合から、「景気が悪い」と感じる企業の割合を引き、「ＤＩ」（Diffusion Index）で表わします。

　ＤＩの数値は50が横ばいを表わし、これを上回ると「景気がよい」、下回ると「景気が悪い」と感じる企業が多いことを示します。日銀短観では把握できない小規模企業の動向を把握可能な中小企業庁・（独）中小企業基盤整備機構の「中小企業景況調査」を使って、大企業と中小企業・小規模事業者の業況を概観することもできます。

倒産件数からも業況は判断できる

　「**倒産**」という言葉はよく耳にしますが、法的には何の根拠もない用語です。企業が債務の支払不能に陥ったり、経済活動を続けることが困難になった状態を指します。いわゆる経営破綻したことになりますが、多くは資金繰りができなくなったことから起こります。

◎倒産について考えておこう◎

「倒産」は、会社が立ちいかなくなったことを意味しており、企業が債務の支払不能（資金がなくなった）に陥ったことだが、実は倒産にもいろいろな種類がある。

- **法的倒産**（法律に存在する倒産）…経営再建型の「会社更生」と「民事再生」／会社清算型の「破産」と「特別清算」
- **私的倒産**…「銀行取引停止」（事実上の破綻）／「内整理」（再建はしない）

....

世間で倒産が多いというのは、金が回らなくなる要因となる。自社にとっても決してうれしい状態ではない。

したがって、これは世間の状況を図るストレートな指標です。倒産件数は、公的機関や帝国データバンクなどの調査会社などから発表されているデータを参考にします。

たとえば、倒産件数が減少して、企業の利益も改善傾向にあるとすれば、業況判断はいい方向にあるわけです。したがって、資金繰り状況は改善基調にあるという判断ができます。中小企業の業況は、東日本大震災や2014年の消費税率引上げの影響により落ち込みはあったものの、総じて緩やかな回復基調で推移してきたということも、業況と倒産件数の推移でマクロ的に把握できるわけです。

2020年に入るとコロナの感染が広まり、日本経済全体も大きな影響を受けましたが、こういった指標から自社の経営判断を行なうことで融資や資金調達に活かすことができますし、入金の予想・傾向を確認して着実な資金回収を実行できるなどの効果も期待できます。

世の中は廃業・倒産などという暗い言葉に敏感ですが、企業の資金は信頼の上に回転していますから、信頼度はこのような世間のムードに敏感に反応します。あまり過剰に反応せず、事実をよく見極めて資金繰りに活かす行動が必要です。

資金繰りを取り巻く環境

🏢 マクロ的環境とミクロ的環境を知っておく

　前項で、資金繰りの現状を評価するポイントを説明しましたが、世の中の環境をみてチャンスか否かを図ります。チャンスというのは、自社の資金調達に有利な環境になったと知ることです。景気の判断だけでなく、世の中にお金が回っているかどうかを評価します。

　特に、ビジネス環境の把握が必要ですが、中小企業の環境調査には、「マクロ的環境」と「ミクロ的環境」の2つの要素が必要です。中小企業はミクロ的環境の分析が弱いという傾向があります。

　ミクロ的環境というのは、マクロ的環境に左右されることはあるものの、次のような種類があります。

①自社の属する業種・業態における分析
②自社の地域経済の分析
③自社の顧客の景気分析

　自社で経営計画を立て始めると、動向に対する関心が高くなりますが、中小企業の社長や役員のなかには、日ごろから顧客と仕事の話をしても、顧客の動向に関心が向いていない人が意外と多いのです。

🏢 資金調達の判断に必要な調査とは

　日本経済全体がコロナの影響で落ち込んでも、一部の企業は増収増益を達成しています。中小企業の倒産が増えているなかでも、拡大基調にある地方の中小企業が存在しているのも事実です。それゆえに、自社に合ったミクロ的な分析が欠かせないわけです。

　ただし、ミクロ的分析に使えるデータは買えば手に入るものではありませんから、独自の情報網で自ら構築しなければならないとい

◎中小企業の金策にはミクロ経済環境の把握が重要◎

「ミクロ経済環境」とは、以下のことを把握すること

① **自社の属する業種・業態における分析**
- 「e-Stat」17の統計分野で調査
- 業種に所属する団体のデータ

② **自社の地域経済の分析**
- 「e-Stat」17の統計分野で調査
- 地方自治体（都道府県、市区町村）のホームページ

③ **自社の顧客の景気分析**
- 主要顧客のホームページ（経営計画書、株主報告書、お知らせなど）

④ **その他**
- 顧客や投資家の関心事項から類推（たとえば、ＳＤＧｓやＥＳＧなどへの関心度をみる）

（※）「e-Stat」とは日本の統計が閲覧できる政府統計ポータルサイト。

顧客の経営動向は顧客に素直に聞いてみよう！

うのが中小企業の宿命です。お金も人材もない中小企業では、独自調査には限界があるのが現実ですが、何もしなければそのまま世の中に遅れていくだけです。

そこで、資金調達の面で判断するためには下記の点を調査します。

① 金融機関の見方をヒアリングする

② 金利（長期金利、短期金利）の動向を読む

③ 投資環境：世界の投資マネーがどこに向かっているのかを知る

④ 直接金融：クラウドファンディングのように少額マネーを集める

自社の関係する業種や業態にお金が流れているかどうかを調べるわけです（調査をするならば、上記のことだということです）。

企業における
経営計画と財務戦略とは

中小企業に必要な戦略とは

資金繰りも含めた財務管理は、大企業にもなると担当する部門が
しっかりとしており、経営者から細かな指示をしなくてもうまく回
っています。しかし、そういった担当部門のない多くの中小企業の
経営者にとって資金繰りは、常に切実な問題です。

中小企業では、専門の部署を置かずに、経営者や経理担当者が財
務に関する業務を行なっているケースが数多くあります。しかし実
際には、経理の日常業務が中心となり、戦略や計画をどのように策
定するか知識もなく行なっているのが現実ではないでしょうか。

財務戦略とは、銀行への返済計画をつくることではありません。
経営戦略にもとづいて資金の出入りを示す中期見通しを立てて、課
題となるポイントを押さえつつ資金計画を立てなければなりません。
前項で述べたような企業環境の分析も必要です。

取り組むべき財務戦略とは

「戦略」とは、達成するべき目標があって、どうやってそれを達
成するかを示すものです。企業においては、**中期的または長期的に
取り組む計画が戦略**です。つまり財務戦略とは、企業全体に関わる
財務についての、中長期的に取り組むための計画を立てることを意
味します。財務戦略に織り込むべき内容は多種多様です。

特に**資金計画**では、将来への**投資計画**が最も重要ですから、投資
の考え方はしっかり分析する必要があります。資金計画をつくって
みると、いつごろどれくらいのキャッシュが必要になるかが明らか
になるので、その資金をどう捻出するのかが財務戦略になります。

財務戦略には、成功への道筋が書かれなくてはなりません。端的

にいえば、**会社の未来に対してどの程度の資金を準備しなければならないかを明確にし、どの事業でどれくらいの利益を出してその費用をどのように捻出するのかを示す**ことです。儲かるお金が不足するなら借りなければなりませんから、誰からどれくらいのお金を工面するのかを具体的に示すものが財務戦略です。

財務戦略は、いうまでもなく経営計画の重要な位置を占めるコンテンツということです。資金調達や資産運用についての中長期的な方針や具体的な計画が必要になります。財務戦略に沿って資金の管理や調達を行なうことで、適切な財務の運営が可能になるのです。

資金繰りにも戦略的思考が必要

「戦略」とは、目標をもって大局的な成功への道筋をいいます。「戦術」は、その道筋を確かなものにする具体的な手段です。

経営戦略を策定している会社でも、「一言でいうとあなたの会社の財務戦略って何ですか？」と問われて、即座に回答できる企業は意外と多くありません。

特に、資金関係の仕事を円滑に行なうためにも、金融機関との日ごろからのコミュニケーションは非常に重要です。「信頼」という絆をつくるのは一朝一夕には不可能だからです。

こうすることによって、財務担当者は、自社の経済状況を把握したうえで、どの部門のどの商品の利益率が高いのか、また、収益性の高い会社にするためにはどうすればよいかなどを、経営陣に提案することができるようになります。

銀行などから資金を調達する際にも、経営計画を把握しておくと、いつ頃、どのような手段で資金を調達すればよいかを、あらかじめ戦略的に考えておくことができますし、企業にとって、最も効率的な方法とタイミングで、資金調達をすることができるようになります。

優秀な財務担当者が求められるのは、こうした理由からです。

資金とキャッシュフローの関係

戦術は「資金繰り表」の作成

戦略が決まったら戦術に落としこむ必要があります。ちなみに、本書の３章以降は具体的な戦術レベルの解説です。

この項で強調したいのは、資金繰りの実務とはつまるところ「**資金繰り表**」をつくって**管理する**という点です。この点は、本書を通して基本的な戦術として一貫しています。

戦略作成の前提として、1962年に発表されたチャンドラーの有名な命題である「戦略が組織を規定する」が重要です。

２章でも述べますが、戦略を実現するためには、**しっかりと組織を築き行動しなければなりません**。販売戦略でも、ものづくり戦略でも、企業内に組織（エンジン）をつくって引っぱっていかないと、戦略が全うされるはずはありません。ところが、なぜか財務に戦略思考を取り入れている企業は多くありません。

重要なテーマについては、企業内に推進組織（エンジン）をつくり、ハンドルやタイヤにあたる戦術を明確にして、企業を目標に向かって進めていきます。そして、ドライバーは「コックピット」で現在位置を確かめながら前へ進んでいきます。

めざそう「キャッシュフロー経営」

資金繰り戦略や資金繰り表の書き方については２章以降で詳しく説明しますが、「資金＝運転資金（毎日の資金繰り）」が主役であり、「キャッシュフロー＝投資資金（未来へのエネルギー）」は連携テーマという関係になります。

そして、企業は利益を出すのは当然のことで、営業やものづくりの基礎業務には気を配りますが、財務管理の組織を築かずに利益を

出していても、経営は立ちゆかなくなります。新聞や雑誌で経営が立ちゆかなくなった事例をみると、戦略や戦術なく車を運転していたことがよく理解できるはずです。

優秀な人がいるはずの大企業でも陥ってしまうのが資金繰りの問題です。組織的にコックピットをしっかりとみて経営していれば、キャッシュがあれば乗り切れているはずなのです。

🏢 あらゆる戦術の要は「資金繰り表」

たとえば、１億円の資金を銀行融資で調達するという計画を立てたとすると、どうやって銀行に認めてもらうかという手段（戦術）を考えなければなりません。そのための持ち札には、自社の保有する土地や建物、社長の個人資産、顧客の注文書などがあるはずです。あるいは、銀行に事業性評価をしてもらって、ビジネスモデルによって信頼を勝ち取る方法もあると思います。

このように大きな基本方針とそれを実現する具体策を考え、実行してこそ目的は達成できるのです。

「資金繰り表」とは、その名のとおり会社の資金繰り状況を表わした表のことで、売上による入金や仕入れなどによる出金にもとづいて、経営計画書ではわからないお金の出入りを把握していきます。

資金繰り表には「実績を示すもの」と「予想を示すもの」の２つのタイプがありますが、要するに「資金の見える化」です。見える化するからこそアクションが打てます。企業の収入と支出を集計・可視化し、資金不足の防止・計画の改善に使います。

キャッシュの流れを把握して経営を実践するのがキャッシュフロー経営ですが、「資金繰り表」がその経営を支えるわけです。

資金には、現金、預金だけでなく、コマーシャルペーパー、投資信託などすぐに現金に替わるものも含まれます。財務諸表に表われる細かな分類にとらわれず、資金と利益の特徴を区別して「資金繰り」の正しい意味を見直すことは必要です。経理処理という日常業務の意味も変わってくるはずです。

資金繰りを行なうために
経営者に求められる役割

戦略実現のためにはリーダーが必要

　戦略や戦術は立案すればすむわけではなく、それを実現する組織を構築し、目標を明確にして全社員一丸となって実行します。いうまでもなく、資金繰りだけでなくどんなことにも当てはまります。

　もちろん、組織をつくって役割分担やスケジュールを明確にするだけでなく、目標を達成するためには組織を引っぱるリーダーが欠かせません。大企業であろうと中小企業であろうと、戦略が成功するも失敗するもリーダーによるところは大です。

　人材の豊富な大企業でも経営に行き詰まるのを見ると、なぜ資金面でのチェックが組織的にできていないのか？　不思議でしかたがありません。経営者ならお金の動きを見ていれば破綻する前に確実に手を打てるはずだからです。

　経営破綻の主な原因は、トップ・マネジメントが財務をよく知らなかったからとか、財務関係の人間の気心がよくわからないことによるなどといわれます。

　経営者には、集団指導型、トップダウン型などいろいろなタイプがありますが、どんなタイプのリーダーであろうと、事務系・技術系のリーダーであろうと、企業の血流にあたるお金の循環についてしっかりと把握しておかなければ経営はできません。

　日本企業の社長は、おみこしに乗るタイプの人も見受けられますが、本当にみこしに乗ったままで会社が存続することはあり得ません。

資金繰りに必要な「決断」能力とは

　現代の経営者に特に必要なのは、決断する能力です。さらにいえ

◎「融資」か「出資」かの判断基準は？◎

はっきりいって大きな差異はないので、調達コストによって決めればよい。一般的に、事業性を評価する力は投資家のほうが上だから、いい計画であれば、投資のほうが調達コストは安い。

	融　資	出　資
メリット	●審査さえ通れば公的機関から低金利で融資を受けられる ●必要額だけ受けられる ●必要以上の金銭を受ける心配がない ●融資は企業の信用や返済力信用の誇示になる	●原則として返済義務がない ●純粋に利益を出すことだけに注力できる ●利息の発生がない ●利益が出た場合は配当できる ●投資家の信頼を得られる ●情報提供や業務提携などの支援も期待できる
デメリット	●返済が必要 ●常に緊張感がある（これは、いいところでもあるが）	●事業性の評価は、一般的に投資家の目は厳しく、企業に光った部分が必要 ●場合によっては経営権を外部に握られる危険性がある

ば、情報過多の時代ですから何をやるかよりも何をやらないかを決めなければならない場面も増えています。人には個性があるため、どのようなリーダーであるべきかという正解があるわけではありません。しかし、どんなタイプであろうと、経営者がやらなければならない仕事は「決める」ことです。社員がどんな意見を持とうが、最後の最後に右か左かを決めることができるのは経営者だけです。

　資金繰りに大きく影響する決断は「投資」です。リスクはできる限り小さくしなければなりませんが、リスクがあることを恐れては前に進みません。資金のあてもなく投資することは論外ですが、不完全な情報のもとでも決断しなければならないときが必ずあります。

　経営者は、自分がどのようなリーダーになりたいかをよく考える必要がありますが、経営者にしかできない決断を正しく行なうためには、お金の流れだけは自分の目でよく確かめる能力が必要です。

資金繰りは誰がやるのか

全社員で資金管理を共有化する

リーダーの役割は重要ですが、経営者だけで計画を推進する企業はありません。従業員と一体となって進めていくものです。

自社のキャッシュ保有が全社員で共有できていることは、キャッシュを貯めるという点からも、リスク管理という意味でも重要になります。キャッシュを生むのは利益であり、利益を上げるには会社全体で業務の効率化を持続させる必要があるからです。

しかし、多くの企業で資金繰りに関して一体感をもっているとはいえないように思います。資金管理について共有されていないことが、社員全体での一体感が生まれにくい理由となっています。

資金に関して経営的に透明化する方法は難しい問題ですが、やるべきことは次の3つです。いたってシンプルです。

① 「経営計画（資金計画を含む）がある」
② 「透明化のルールがある」
③ 「組織がある」

ただし、社員がお金について理解できていることが前提です。理解できているということは、社内においてキャッシュという共通言語が浸透しているということです。すなわち、本章で述べてきたような資金繰りの基本が教育されていなければなりません。

金融リテラシー教育の概念は最近始まったばかりですし、根幹になる経営計画がまだまだ普及しきれていません。でも、経営計画は資金繰りに限らず、社内研修の基礎をなすものなのです。

経営の透明性にはコーポレートガバナンスが関係する

コーポレートガバナンス（企業統治）は単なる監視ではなく、経

営の透明性を担保するしくみを持つかどうかを重視します。

リスク管理面で多くの人がキャッシュについて共有化していると、危険予知が働きますし、対策も容易になります。重要な情報が密室のなかだけで共有化される傾向はどこにでも起こりえます。経営破綻する直前まで社員は知らなかったということは珍しくはありません。経営の透明性を保つのは簡単なことではないし、社員が自分のこととらえず、透明性に無関心であることも少なくありません。

しかし、**資金繰りの面だけでも透明性があれば危機的な状況は必ず避けられます**。問題は小さなうちに摘み取ったほうがいいのは誰しもわかっていることですが、多くの倒産事例では危機的状況を社員には見せていません。

コーポレートガバナンスには、どうしても不祥事の防止を目的として内部統制を強化するイメージがありますが、財務情報報告の義務が明記されているように、資金の監視に注目することで透明化を担保しています。

そうした資金情報の共有化や情報開示というなかで、もう一つ重要視されている動きが**判断基準の明確化**です。リーダーの決断にも大いに説明が求められるわけですが、投資基準や融資決定など日常業務においてしばしば発生する意思決定に対するルールを明確化しようという動きです。

たしかに、多くの企業で重要決定事項は稟議規定や取締役会・事業部会議などで決めることというルールを策定しているわけですが、この規定を厳密に運用できている組織はなかなかないようです。

それこそ経営者の高い意識が求められるし、社員も自由に参加できるような風土づくりも重要です。資金繰りには「資金繰り表」という武器が必須ですが、この武器も正しく使われなければ意味がありません。正しい使い方の方法論をオープンに議論できる組織でありたいものです。

リスク管理だけではなく、いい会社に導くためにも企業内の風通しをよくして「人は城、人が石垣」にならなければなりません。

資金繰りに出てくる
言葉を整理しておこう

営業収支と経常収支はどちらが大事？

　財務戦略の策定に始まって、資金繰り表による管理方法までが資金繰りを理解する一連の流れです。そもそも企業が成長するために資金を管理するわけですから、前項までに書ききれなかった観点をここで再確認しておきましょう。

　繰り返しになりますが、「利益があって資金が残る→資金があってキャッシュがある」という基本原則からいって、利益の源泉は何かを、まず明確にする必要があります。そのときにどんな収支があり、どういう意味があるのかを理解しておく必要もあります。

　また、営業収支が大事なのか、経常収支が大事なのかという問題などにも答えを出さなくてはなりません。

　「営業収支」とは、事業のなかでどれだけ現金の売上および支出をしているかを表わしたものです。いわば事業の強さのバロメーターといえますから、当然のことですが、最も重視するべき収支計算です。当然、経営全体でも管理が行き届いているはずです。

　一方、「経常収支」とは、事業以外の財務活動による収支も含めたものですから、健全性を表わしています。営業収支に加えて体質の厚みを誇るものですから、少々ビジネスモデルがぐらついても健全さを保てることを示してくれます。営業外収益に依存している企業も見受けられますが、そのことは決して悪いとはいえません。

　これらの収支の影響は、資金の流れとしてはビジネスモデルに直結する部分ですから監視もよく働きます。理解しやすい項目といえます。そのほか、次の用語についても理解しておきましょう。

【投資効果】財務諸表の面では表われにくいのが費用対効果の推移です。そもそも資金繰りは成長のために行なうのですから、計画

どおりに成長しているかどうかチェックしなければなりません。必要ならテコ入れをしないと将来の財務状態の悪化原因になりかねないからです。しかし、これは財務担当者だけではなかなか評価できません。

【財務収支】これは、借入金の調達と返済・利息の支払いを示したものです。通常は返済できていれば「マイナス」となります。すなわち「プラス」になると、借入金が増えているという判断です。これは財務担当者の業務成績ともいえるので、自分の評価をアピールするためにもしっかりと報告する必要があります。

経営計画を策定する重要性

次に、財務戦略を左右する経営計画の意味合いについて補足しておきます。経営計画に関する書籍などでは、1枚にまとめるとか、ポケットに入れていつでも見られるようにするとか、内容がその活用のしかたに左右されている傾向があります。しかし大原則は、「**経営計画書**」は企業が成長するための「道しるべ」の役割を担っているということです。そのためには理想やビジョンと現実も明記して現実的な行動をとれる内容でないと意味がありません（参考：神谷俊彦編著『図解でわかる経営計画の基本』（アニモ出版刊））。

計画推進というのは、プロジェクトマネジメントです。目標、手段、納期、予算、責任分担を決めてリーダーを中心に進めていきます。従業員が企業の成長を実感できてこそ、計画はうまくいったといえます。企業には達成したい理想・理念は絶対に必要です。財務戦略もこの部分にコミットできる内容でないと、何のための戦略かわかりません。

いま、経営には従業員満足度を評価することが求められています。経営計画書を浸透させることが満足度を高める唯一の手段であり、なかでも資金の流れを共有化するのが最重要課題です。次章以降で多くの手法やノウハウを紹介していきますが、企業全体で浸透させるしくみをもって従業員満足度の高い企業をめざしたいものです。

本書の構成と読み方

　1章では、資金繰りとは「工面すること」と一言で述べていますが、「言うは易（やす）し、行なうは難（かた）し」で、理想には長い道のりが必要に見えます。一方で、資金繰りとは「資金繰り表」を作成して経営状況を社内で共有すること、と結論づけています。

　2章以降では、それを体系的に理解できるように、次のように章立てを構成しています。特に、過去の著作にはあまり見られなかった新人経営者や財務担当者に向けての指南本を強く意識しています。

- ●2章：経営戦略と資金繰りの関係
- ●3章：資金計画のつくり方
- ●4章：資金繰りの日常管理とは
- ●5章：現実に起きる問題とその対応策
- ●6章：資金繰りと金融機関の関係
- ●7章：資金調達のあれこれ

　2章の**経営戦略**では、企業における資金繰りの課題と全体像を明らかにして、その理解のしかたを経営計画との関係からひもといています。経営計画というのは前項でも述べたように、企業を成長に導くためのガイドブックです。戦略的思考が含まれていなければなりません。特に、企業人の多くが戦略とは何かということを正式に勉強していません。われわれコンサルタントは、常に最適な計画を提案しなければならないため、戦略的思考の訓練を受けています。本書でもその経験を余すところなく披露して、業務のスムーズな遂行に役立ててもらうことを意図しています。

　3章の**資金計画**は、戦術的レベルの解説になりますが、この部分こそが中心といえます。すべての日常業務の基本はここから始まります。いかなるいい作戦をもってしても現実レベルの正しい情報が

なくては成果は出ません。逆に、現場の情報が正しければ、少々戦略が悪くても間違った方向にはいかないものです。4章の**日常管理**と合わせて足腰がしっかりしないことには、いいエンジンをもっていても動きはぎくしゃくするのです。財務担当者は経営を最も俯瞰的に見ることができる立場です。資金の動きや数字に強いというのはどの企業においても非常に重要な立場なのです。3章と4章が理解できると、資金繰りは手の内に入ったということです。

5章では、**資金繰りにおける問題解決方法**を示しています。問題解決といっても、出てきた問題を解決するだけが仕事ではありません。常にアンテナを張って問題が小さいうちに解決することや、問題が起きないようにリスクを低減する行動（リスク管理）をとるということです。資金繰りはお金の問題ですから、問題が小さいほど解決手段の選択肢も広がるだろうということは想像できるでしょう。

6章では、**金融機関を味方につけるためのコツ**を解説します。「金融機関→借金→取り立てや貸しはがし→倒産」などというイメージを持っている人はまだたくさんいます。かつては、借金により「生き地獄」を味わったなどという経験談もあふれていました。しかしいまは、金融機関と正しく付き合う方法を学ぶ時代です。バブル崩壊以降、低金利時代が長く続き、金融機関も変わってきています。銀行の支店が次々に統合され、閉鎖されているのをみれば時代の流れを感じると思います。新しい知見を身につけて飛躍をするためには、金融機関とのコミュニケーションを円滑にするのが最良の方法です。

7章では、多様な**資金調達方法**を紹介しています。電子マネーの発達は、お金の概念を変えてきています。銀行以外にもさまざまな資金調達方法が出現し、現実に使いやすくなってきています。また、政府や自治体の姿勢もここ10年で大きく変わっています。中小企業をさまざまな方法で資金面から支援しようという施策が生まれています。その方法を、本書ではできる限りわかりやすく整理しています。

夢のある経営へ
·······················

　日本でも有名なドラッカー氏の名言には、「資金計画」に関係するものがたくさんあります。著書もたくさんあるし、思慮に満ちた言葉が豊富に存在します。また多くのドラッカー研究者や研究会が存在するので、氏の思想を探索する機会は多いのです。

　私も大好きなのでたくさん紹介したいところですが、読者の皆さんも本書を機会に勉強してみる価値はあると思います。

　会社の経営については、顧客満足度や従業員満足度などとともに、いくつか頭に入れておくべき観点があります。

①会社の目的の定義は1つしかない。それは「顧客を創造すること」。
　（ドラッカー氏の有名な言葉）

②会社の社会的存在意義として「ゴーイングコンサーン」という
　言葉がある。すなわち、会社は将来にわたり存在していくという前提がある。

　この前提に立って、具体的に何をしなければならないかという点としてドラッカー氏の著書にある「ちょっとした工夫でよいので新しい機会の検討にページを割こう」という言葉（意訳）を紹介しておきます。

　1-11項で述べたように、ここ10年間で「資金繰り」の環境は大きく変化しました。いまだにメディアで「バブル崩壊」や「失われた20年」といわれているのは滑稽ですらあります。危機ばかりに目を向けるのではなく、「新しい機会」をとらえなさいといわなければなりません。

　もちろん、ドラッカー氏の言葉はもともと商品開発やビジネスモデルのほうを向いているのかもしれませんが、資金調達にしても大いなる選択肢が増え、個人の創造性が発揮できる時代になったのです。

2章

会社経営と
資金繰りの重要性

執筆 ◎ 石神 荘理

会社経営における資金繰りの全体像

資金管理とファイナンス

　資金繰りは、「会社の現金預金等の資金を広く管理し、資金不足を起こさないようにすること」といわれています。この定義から資金繰りは、会社の「**資金管理**」と考えられがちですが、「**ファイナンス**」の意味ももちますので、注意が必要となります。

　ここで、資金管理とは、資金不足を回避するために、過去、現在、未来までの資金の出入りと残高について、予算と実績を適切に管理することをさします。

　一方、ファイナンスとは、財務戦略をベースにした会社資金に関する資金調達と資金運用を行なうことをさします。単なる銀行の融資による資金調達だけでなく、その前提となる財務戦略の検討や社内外での資金調達・運用といった資金に関する戦略・計画、調達、管理のプロセスのしくみづくりを行なうことも含まれます。

財務と経理と会計

　資金繰りは、財務と経理の両方で行ないます。財務会計の考え方にもとづいて「経理」により作成された会社の「財務諸表（損益計算書、貸借対照表、キャッシュフロー計算書）＋資金繰り表」にもとづき実施されていきます。なお、多くの会社が財務経理という部署名をもち、両方の役割をこなしているように見えます。しかし、実態は経理業務のみを担当しており、財務の仕事はしておらず、経営者に任せきりというのはよくある話です。

　会社として財務を行なう以上、経理が作成する**財務会計**をベースにした財務諸表等の基本的な知識と理解ならびに事業計画や経営意思決定のために必要な**管理会計**の基本的な知識と理解は重要です。

◎会社経営と資金繰りの関係◎

```
        ┌──────────────────┐
        │     資金繰り       │
        └──────────────────┘
         ↓                ↓
```

財務	資金管理 ・資金計画 ・予算管理 ・実行管理	ファイナンス ・財務戦略（方針） ・資金調達 ・資金運用

経理	決算業務：財務諸表作成（損益計算書、貸借対照表、キャッシュフロー計算書＝財務3表）＋資金繰り表を作成 日常業務：伝票整理、請求書、現預金管理など	

会計	財務会計	管理会計
	金融機関をはじめとした関係者に対して、企業の財務状況を説明する財務諸表等を作成するためのルール・基準。公的なルールと基準といえるので、原則としてすべての会社が遵守するもの	社内向けの財務情報を作成するために有効な会計。経営計画書（資金計画）や社内意思決定に使われる。さらに、経営計画における予算実績分析などから、会社の資金の動きを把握でき、資金繰りにも重要な役割

参考	税務会計	企業の利益をベースに課税所得を計算するためのルール。正しい支払い税金額を計算することは、資金繰りを行なううえで重要な要素となる

　財務会計を習得することで財務諸表全体をみる能力が得られます。一方、管理会計を習得することで会社内部の資金の動きをとらえられるようになります。これにより金融機関への融資の相談などもスムーズに行なうことができます。

資金繰りと深い関係にある 経理と財務を知ろう

経理と財務の仕事とは

　前項からもわかるように、経理と財務の2つはとても重要な業務です。しかし、両者は混同して使われて、実際の業務内容を正確に理解している人は少ないのが現状です。そこで、経理の業務と財務の業務を理解し、それぞれの役割をこなせるようになることが会社の基盤を固めることにつながります。

【経理の業務内容】

　経理とは、「経営管理」の略称になります。経営管理は、経営活動に関するお金の管理が中心となります。財務諸表の作成や決算処理などの会計業務に加えて、伝票整理、請求処理、受注管理などの詳細な業務を行ないます。これらは、会社の血液ともいわれるお金の動きを把握するための業務になります。

　会社が大きくなっていくと、まず経理を設置するのは、このお金の動きを把握することが重要となるためであり、決算書をつくるための部署と軽んじてはいけません。

【財務の業務内容】

　財務とは、経理が作成した財務諸表等のデータにもとづき、資金管理とファイナンスを行なうことです。ファイナンスとは、会社資金をどのように調達し、運用するかを決めることであり、その方針として財務戦略を立てます。

　それを具体的に落とし込んだものが、資金計画となります。予算と実績の管理を実施して、「**資金管理**」を行なっていくのです。

資金計画の位置づけ

　資金計画は、経営計画の1つであり、「販売計画」「投資計画」「人

◎経理の仕事のイメージ◎

現預金 管理業務	入出金管理	伝票処理	経費処理	預金残高 確認
仕入関連 業務	発注管理 在庫管理	伝票処理	支払処理	買掛金管理
売上関連 業務	受注管理 在庫管理	伝票処理	請求処理	売掛金管理

◎財務戦略と資金計画の位置づけ◎

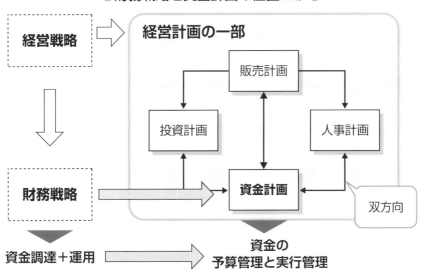

員計画」などの資金に関係する部分にもとづいて作成します。

　資金関連情報を経理や各部署から収集してから、最後に作成されることが多いのですが、財務戦略にもとづき資金の予算を決定し、それに当てはめるように計画を立てる必要もあります。資金計画を立てた後に他の計画に対して、再検討を依頼することもあります。

手詰まりになる
資金繰りプロセスとは

うまくいかなくなる資金繰りプロセスとは

　成長していく会社には、日常的な運転資金に加えて、投資資金が必要となります。「売上を上げるために営業を増やそう！」「新しい機械を買おう」→「あっ、お金が必要だから、銀行に借りにいこう」と安易に思っていませんか。この選択が間違っているとはいいません。

　銀行から借入れをすると、当然ながら返済しなくてはなりません。投資だから、それに見合うように稼いで返せばいいということですが、計画としては元を取るまでは資金が必要となります。

　たとえば、ビルのワンフロアを借りて新しい支店をつくり、人を採用します。この時点でお金は流出していきます。一方で、新規出店をする地区ですから、人脈も知名度もありません。そこで、地元の住民と信頼関係を構築していきますが、売上が伸び、入金になるまでには、早くて半年、遅ければ数年かかるのが通常です。

　また、資金繰りに困ったら、借換えや返済のリスケ（＝リスケジュール）をすればいいと楽観視していると、「負の投資・借入スパイラル」にはまってしまうこともあるため、注意が必要です。

資金が回らなくなる負の投資・借入スパイラルとは

　負の投資・借入スパイラルとは、売上・利益を出すために、設備資金・運転資金を金融機関から融資を受けた結果、支出だけ増えて、収入が増えずに返済だけ増えていくということをいいます。このスパイラルが回っている間に、売上が上がり、収入も上がることによる正のスパイラルに転換できれば、問題ありません。

　一方で、うまく回らなくなった場合に、金融機関も財務諸表等を

◎うまくいかなくなる会社の資金繰りプロセス◎

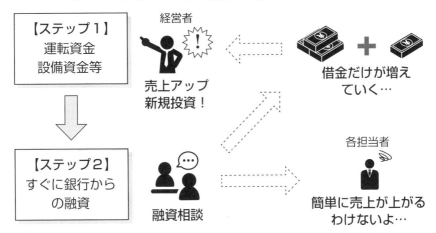

【ステップ1】
運転資金
設備資金等

経営者
売上アップ
新規投資！

借金だけが増え
ていく…

【ステップ2】
すぐに銀行から
の融資

融資相談

各担当者
簡単に売上が上がる
わけないよ…

◎資金繰りが無計画なときに生じる負の借入スパイラル◎

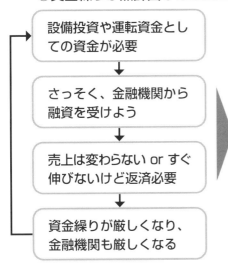

設備投資や運転資金とし
ての資金が必要

↓

さっそく、金融機関から
融資を受けよう

↓

売上は変わらない or すぐ
伸びないけど返済必要

↓

資金繰りが厳しくなり、
金融機関も厳しくなる

売上アップのために、財
務の検討なしで新出店や
人材採用などに投資をす
ると、左記の投資・借入
スパイラルにはまる危険
がある

↓

**会社が組織として成長し
ていくためには、成長ス
テージにあわせた組織と
しくみの構築が必須**

通して、会社の悪くなっている財務状況を把握できます。そこで、
借金依存度が高いことがわかれば、借換えや返済のリスケジュール
は受け付けてもらえず、早急な返済を促されることになります。

　こうなると、返済のため人員削減や資産売却などの必要に迫られ、
それでも、資金不足に陥ってしまうと、最悪、倒産となります。

会社の成長ステージと資金繰りとの関係

会社の成長に伴って資金繰りは変化する

　会社は、「創業→成長→成熟→衰退」のプロセスを歩んでいきます。このプロセスの変化にあわせて、適切な資金調達方法を選択し、それにあわせた体制やしくみを構築する必要があります。

　前項でも述べたように、何も考えずに金融機関からの融資に依存し続けると、必要な体制が築けず、成長が鈍化したり、成熟期からすぐに衰退期がきてしまうことがあります。

【創業期の資金繰り】

　まだ、売上は上がらず、一方で経営を維持するために人件費・広告費など多くの資金が必要となります。この時期には、**金融機関等など外部からの資金調達**を有効活用していきます。

【成長期の資金繰り】

　徐々に売上は上がってきて、資金繰りも少し楽になってきますが、会社の体制も大きくなり、またシェアの維持・向上のための費用などの支出も多くなります。この成長期には、**内部留保を高め、資金不足を予防するための資金の流れの見直し**と、**会社の財務管理体制の構築**、そして**財務戦略プロセスの導入**といった会社の将来を見すえた体制・しくみづくりが重要となります。

【成熟期の資金繰り】

　売上が安定してくることで、一見、資金繰りは安定しているようにみえます。しかし、まだ新規顧客の開拓や新規事業の立上げ等による資金が必要です。この時期にも、資金の外部調達と内部留保など、**バランスのよい資金繰りをするための財務管理体制・しくみ**を維持し、衰退期に陥らないようにしましょう。

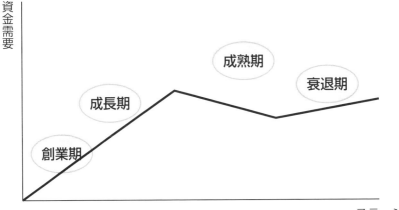

◎会社の成長ステージ別の資金需要◎

◎成長ステージ別の会社と資金繰り方法の関係◎

ステージ	外部調達	内部留保 （管理体制）	補足
創業期	◎ （依存度重）	△ （未構築）	借入金融機関との密接なつながりが重要
成長期	○ （依存度中）	◎ （構築中）	金融機関と並行して、管理体制としくみの構築が重要
成熟期	○ （依存度軽）	○ （構築済）	外部からの借入れと内部留保のバランスと体制等の維持
衰退期に陥った場合	◎ （依存度重）	× （構築できず）	財務管理体制を構築できずに、自転車操業へ

【衰退期の資金繰り】

　適切な財務管理体制が構築できずに、衰退期に陥ってしまうと、売上の落込みや借入金の返済に加えて、赤字事業の維持・撤退のための資金が必要となります。そして、自転車操業のうえでの廃業となってしまうことへの覚悟も必要となります。

資金繰りに重要な
財務戦略プロセスとは

会社における資金繰りに関わる財務戦略プロセス

　資金繰りを全社的に進めていくためには、経営戦略にもとづく投資計画について、財務的な視点からの実現可能性などを財務戦略の面から検討します。また、その設備資金の借入れなどの調達方法の検討や、調達の結果を安全性の点から財務バランスをみたりします。

　実現性や安全性の点から一部でも問題があれば、財務部門は経営者にフィードバックをして、経営戦略の見直しを図るまで戻ることもあります。通常の経営戦略プロセスに比べて、財務戦略プロセスは、「戦略→計画」に加えて、経営戦略から経営計画書を作成し、具体化するプロセスの牽制の面もあります。実現可能性を高めるために必須のプロセスといえます。

財務戦略に求められる役割はもう1つある

　ただし、牽制する役割だけだと、手持ち資金は少ないし、金利が高いから融資はダメという簡単な論理だけで、将来の大きなキャッシュフローを生み出す可能性のある投資をやめることがあり得ます。

　このようなことを起こさないためにも、「どのような財務内容（無借金や預貯金を豊富にもつ等）をもった会社にしたい」という中長期的な視点での財務ビジョンを設定することも重要になります。ビジョンがしっかりしていれば、投資から得られるキャッシュフロー等から想定リターンを算出して、金利より高いリターンが得られる場合は融資を受けるという経営判断ができることもあります。

　さらに収益性、安全性、成長性といった視点から財務分析を行ない、定量的な視点から課題や対策を検討できるようになることで、財務体制の構築につなげられるようになります。経営戦略プロセス

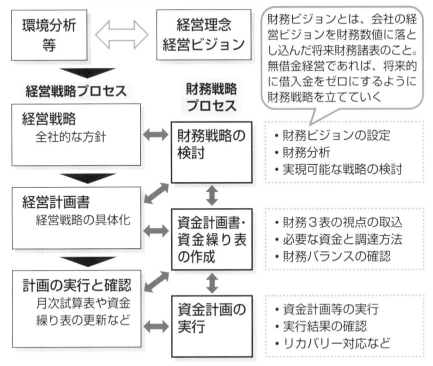

◎経営戦略プロセスと財務戦略プロセス◎

環境分析
等

⟺

経営理念
経営ビジョン

財務ビジョンとは、会社の経営ビジョンを財務数値に落とし込んだ将来財務諸表のこと。無借金経営であれば、将来的に借入金をゼロにするように財務戦略を立てていく

経営戦略プロセス

経営戦略
　全社的な方針

**財務戦略
プロセス**

財務戦略の
検討

・財務ビジョンの設定
・財務分析
・実現可能な戦略の検討

経営計画書
　経営戦略の具体化

資金計画書・
資金繰り表
の作成

・財務3表の視点の取込
・必要な資金と調達方法
・財務バランスの確認

計画の実行と確認
　月次試算表や資金
　繰り表の更新など

資金計画の
実行

・資金計画等の実行
・実行結果の確認
・リカバリー対応など

◎財務戦略プロセスのための体制◎

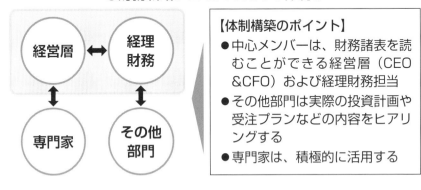

経営層 ⟺ 経理
財務

専門家

その他
部門

【体制構築のポイント】
●中心メンバーは、財務諸表を読むことができる経営層（CEO＆CFO）および経理財務担当
●その他部門は実際の投資計画や受注プランなどの内容をヒアリングする
●専門家は、積極的に活用する

と同じく、財務戦略プロセスも経営層と経理財務部門で行なうだけでなく、営業・製造などの他の部門や必要に応じて会計士・税理士・中小企業診断士などの専門家に支援をお願いしましょう。

財務戦略のための財務分析

財務分析はなぜ必要か

　自社の財務的な課題を把握しておかないと、資金不足などの課題に対して、タイムリーに資金繰り対策を実施していくことはかなり至難の業です。一方で、財務諸表に書いてある内容を理解することは重要ですが、理解したのみで会社の現状を分析して、さらに課題を把握できるようになることはかなり困難です。

　そこで、財務指標を使った財務分析を実施することで、財務諸表の苦手な人でも課題の把握と対策を打つこと（財務戦略の策定）が可能となります。

財務分析のポイント

　以下の4つの分析手法で勘定科目の数値を比較することで、資金を生み出す力、収支バランス、滞留資金等を把握できます。

収益性分析	売上や資本に対して、どの程度の利益を生み出しているかという稼ぐ力を示す。売上を生む力を「売上収益性」、資本から効率的に利益を生む力を「資本収益性」と呼ぶ
安全性分析	財務戦略においては、保有資金等を鑑みた返済能力の分析を行なう。貸借対照表では収支バランスをみて、キャッシュフロー計算書ではお金の流れを確認する
成長性分析	会社の過去と現在を数値で比較することで、成長度合いを分析する。会社の成長は資金を生みだす力につながる
効率性分析	会社の保有する資産がどのくらい活用され、直接売上につながっているかを分析する。遊休資産の可能性を確認することで、資金がムダに眠っていないかも確認できる

◎財務分析のイメージ◎

経営を飛行機の操縦にたとえると、各分析指標は飛行機の運転席の計器盤に表われる数値に相当する。計器はパイロットである経営者に、刻々と変わる機体のスピード、高度、燃料残量、方角などを正確かつ即時に示す。そのような計器類をみて判断することで、どこに向かって飛んでいるのか、あとどのくらいで目標に到達できるのかがわかる。

『図解でわかる経営計画の基本 いちばん最初に読む本』（アニモ出版）より抜粋して、作成

◎財務諸表と財務分析の関係◎

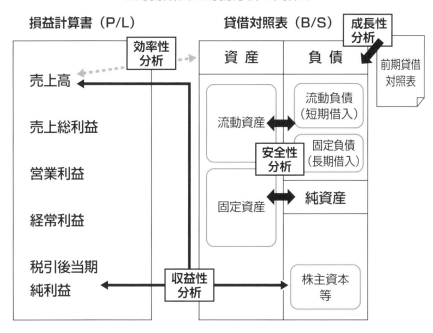

2-7 資金繰りにおける PDCAサイクルを回す

資金繰りPDCAとは

　財務戦略にもとづいて資金計画書や資金繰り表などを作成して、その計画を実行し、実行内容をタイムリーにチェックして、その結果について評価分析を行ないます。さらに、その結果を次年度の財務戦略と資金計画に反映するという「PDCAサイクル」化をして、はじめて、財務戦略プロセスの実現可能性が高まります。

　資金繰り関連のPDCAサイクルは、以下の4つのステップで構成されます。

【Plan：資金計画】会社の資金全般を対象として、財務戦略を具体的な計画に落とし込んで資金計画を作成します。

【Do：実行管理】短中長期の視点から資金繰り施策を実行します。

【Check：資金管理】並行して、資金繰り表と月次計算表等の会計情報から資金要否のチェックを行ない、資金不足が生じている場合は、新たに資金調達や支出削減などの対策を講じます。

【Action：評価／分析／対策】最後に、資金計画における予算と実績を業績評価シートを使って達成度の評価を実施するとともに分析し、課題と対策を検討し、次年度の経営計画に反映させます。

　業績評価シートを使って分析する場合、資金計画に関係する部分を取り上げると、①当年度借入金額、②借入金返済額、③支払利息、④自己資金調達、⑤投資資金、⑥運用資金といった数値データが評価項目としてあげられます。

　さらに、「管理会計の予算実績差異分析」等を利用して、詳細な分析を行ないます。そして、支払利息は「金利×借入金額」に分解できるので、金利差異と借入金額差異に分けたうえで詳細に分析して、課題の把握とその対策を検討します。

◎資金繰りにおけるPDCAサイクルのイメージ◎

P	資金計画 （3章）	財務戦略を具体的なアクション項目とスケジュールに落とし込んだ計画
D	実行管理 （4、6、7章）	・資金繰りの実行管理 ・金融機関からの借入れやその他資金調達方法
C	資金管理 （5、6、7章）	資金繰り表と月次決算等による資金チェックと必要なリカバリー対策等の実施
A	評価・分析・対策 （2章）	業績評価シートを使った評価と分析

◎業績評価シートの参考例（一部）◎

	評価項目	目標 （予算）	実績	評価	ウエイト	総合評価	分析と原因
業績	売上高	1,000	800	4	10	40	一部売上計上の延期
	売上総利益	600	500	4	5	20	売上減少による減少
	…						
資金繰り	借入金額	1,000	2,000	3	5	15	内部留保で賄えず
	支払利息	300	400	3	5	15	借入金の増加と新規借入の利息上昇
	設備投資	500	1,000				建物老朽化対応が必要となったため
	…						
	総合評価	—	—	—	100	400	評価×ウエイトの合計値が総合評価

　なお、業績評価シートは経営計画全般に関わるものであり、詳細な内容は、『図解でわかる経営計画の基本 いちばん最初に読む本』（アニモ出版刊）の7章を参考にしてください（上図は同書から抜粋して作成）。

財務諸表を知ることで
資金繰りがわかる

🏢 「財務諸表」って何だろう？

財務諸表とは、会社の「業績（経営成績）」や期末時点の「健康状態（財政状態）」を開示・説明するために作成される書類をいいます。主なものには「損益計算書」「貸借対照表」「キャッシュフロー計算書（ＣＦ計算書）」の３つがあり、これらを総称して「**財務3表**」といいます。

業績（経営成績）は、会社の経営の成果を表わしています。損益計算書で読み取ることができ、稼げているかどうかがわかります。

健康状態（財政状態）は、経営上、資金をどのくらいの金額をどのように調達し、どう使っているか（投資・運用）を表わしています。貸借対照表で読み取ることができます。

🏢 1年間の資金繰りを表わすキャッシュフロー計算書

財務３表のうち「キャッシュフロー計算書」には、どんな意味があるのでしょうか。キャッシュフロー計算書は、会社の１年間の経営活動を資金の動きから表わしたものです。いわゆる資金繰り活動の１年間の活動とその結果を表わしています。

具体的には、業績（経営成績）を出すための活動（①営業活動）、会社の資金を投資するための活動（②投資活動）、会社の資金調達のための活動（③財務活動）の３つを表わしています。

損益計算書と貸借対照表の間にキャッシュフロー計算書をおくことで、資金と利益の両方の視点から経営活動をみるだけでなく、資金の動きからみた投資・調達活動とその結果をみることができます。

財務３表すべてをみることで、会社経営にもとづく１年間の資金繰りの動きをみることができるわけです。さらに、資金繰り表を作

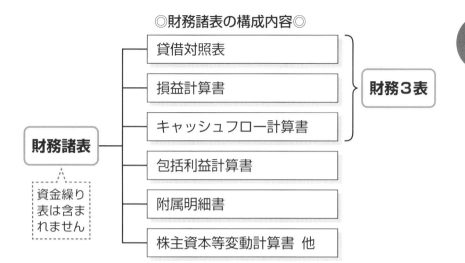

◎財務諸表の構成内容◎

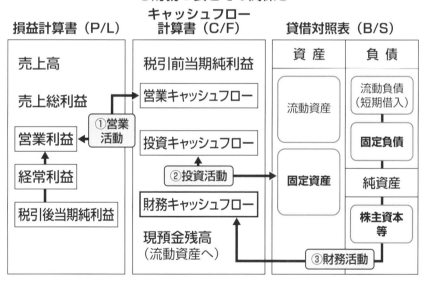

◎財務3表とその関係◎

成することで、毎月の管理もできるようになり、より有効な資金繰り管理が可能となります。

　次項以降で、財務3表と資金繰りの関係について、より詳しく理解できるように説明を加えていきます。

損益計算書と資金繰り

損益計算書で知っておくべき4つの利益

損益計算書とは、一定期間の会社の業績（成果）を表わした計算書です。以下の4つの利益項目で構成されています。

売上総利益 （商品・サービス力）	企業**本来の活動による根源的**な利益 →会社のもっている商品やサービスの強さを表わしています。
営業利益 （事業力）	企業の**本業の事業活動の成果**としての利益 →利益を生み出す組織やしくみの強さを意味しており、事業のもつ強さがわかります。
経常利益 （会社力）	営業利益に**財務活動を加えた成果**としての利益 →資金の管理や運用面も含めた会社のもっている財務面での強さを表わしています。
当期純利益 （経営力）	**臨時突発的な事象**に伴う損益を加えた利益 →経営を行なった結果、会社に関係して起きるすべての事象を含んだ成果を表わしています。

【資金繰りのための利益分析】

まず、4つの利益の大きさについて、どこが強みになっているかを確認します。同時に、営業利益と経常利益の大小について、右の図（資金繰りのための利益分析）のように4つの事象に分けます。

この4つの事象のうち、自社がどこにあるかをおさえたうえで、課題と対策を考えましょう。

営業利益と経常利益がともに大きい会社は、組織・しくみに強みをもち、財務活動も適切に行なっています。伸びていく会社です。

一方、営業利益と経常利益ともに小さい会社は、組織・しくみと

◎損益計算書の構成（報告式）◎

売上
売上原価
売上総利益
販売費及び一般管理費
営業利益
営業外収益
営業外費用
経常利益
特別利益
特別損失
当期純利益
法人税
税引後当期純利益

販売費及び一般管理費とは、販売活動や一般管理活動で発生する費用。毎月一定額を支出するため、資金繰りへの影響が大きい。

営業外費用とは、主たる営業以外の活動から発生する費用。支払利息や手形割引損など資金関連の項目が多いため、注意が必要。

特別損失とは、経営活動とは関係のない特別な要因で発生する費用。台風による工場損壊など突発的な支出となるため、注意が必要。

◎資金繰りのための利益分析◎

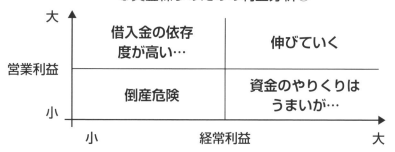

営業利益	経常利益	資金繰り	対応策
大	小	借入依存	借入金削減による財務体質の改善
小	大	やりくり上手	やりくりに依存しない事業力の向上のためのしくみ等の向上

も適切に構築できておらず、財務活動もおろそかになっています。
倒産危険度が高い会社といえます。

2-10

貸借対照表と資金繰り

🏢 貸借対照表とは

　貸借対照表とは、決算日における会社の健康状態である財政状態を表わしたものです。

　損益計算書は、タテに並べていく報告式が使われることが多く、売上から費用を引いて利益を算出するプロセスがわかりやすいのに対し、貸借対照表のように左右に並べる勘定式は、左右の意味をしっかりと理解する必要があります。

　右側（貸方）は資金の調達源泉を表わしており、金融機関からの借入れは「負債」、株主からの出資である資本金は「純資産」となります。

　これに対して、左側（借方）は資金の運用形態、つまり集めたお金をどのように使ったかを表わしています。現金のままもつか、工場の建設に投資するかなど、日々の経営判断の結果が反映されます。

【貸借対照表の構成：流動性配列法】

　貸借対照表は、左側（借方）の資産も、右側（貸方）の負債・純資産も、資金が動きやすいものが上位にきます。これは、資金不足を起こさないことが会社経営では一番重要となるため、現金収支が発生しやすいという意味で、流動性の高い項目を上にもってくる流動性配列法が採用されています。

　左側（借方）では、資金の運用形態を表わす資産のうち、現金化しやすい順に「現金預金→売掛金→棚卸資産」等が「流動資産」として上位に計上されます。次に、現金化しにくい建物、土地、機械といった「固定資産」が並びます。右図にはありませんが、最後にはそもそも現金化できない「繰延資産」がきます。

　一方、右側（貸方）の負債と純資産についても、同じ考え方で計

◎貸借対照表の構成とボックス図◎

借方（資金の運用形態）

資本の部	
流動資産	
現金及び預金	100
受取手形及び売掛金	100
棚卸資産	50
流動資産合計	**250**
固定資産	
有形固定資産	
建物	250
土地	350
有形固定資産合計	600
無形固定資産	
ソフトウェア	50
無形固定資産合計	50
投資その他の資産	
投資有価証券	50
投資その他の資産合計	50
固定資産合計	**700**
資産合計	**950**

貸方（資金の調達源泉）

負債の部	
流動負債	
支払手形及び買掛金	100
短期借入金（1年以内）	100
未払金	50
未払法人税等	10
流動負債合計	260
固定負債	
長期借入金	500
固定負債合計	500
負債合計	**760**
純資産の部	
株主資本	
資本金	100
資本剰余金	50
利益剰余金	40
株主資本合計	190
純資産合計	**190**
負債純資産合計	**950**

資　産	負　債
流動資産 1年以内	流動負債 （短期借入）
	固定負債
固定資産 1年超	純資産
	株主資本

上されます。

　なお、負債より純資産関連が下に配置されているのは、純資産の部は会社の持ち主である株主と会社が稼いだ過去の利益で構成されているため、返済の義務がないためです。

キャッシュフロー計算書と資金繰り

🏢 キャッシュフロー計算書とは

キャッシュフロー計算書とは、会社の経営活動を資金の動きである業績を出すための活動（営業活動）、会社の資金を投資するための活動（投資活動）、会社の資金調達・返済に関する活動（財務活動）の３つに分けて、資金額を表示したものです。

営業活動の キャッシュフロー	本業の活動で稼ぎ出した資金の増減を表示 →本業から生み出している資金額がわかります。
投資活動の キャッシュフロー	既存事業や新規事業のための投資活動により生じたキャッシュの増減を表示 →将来の資金獲得に向けた投資額がわかります。
財務活動の キャッシュフロー	株主や金融機関等の債権者からの資金調達および返済によって生じたキャッシュの増減 →経営のための資金調達・返済額がわかります。

キャッシュフロー計算書は、現金預金の入出金という事実をベースにしているため、客観性が高い情報になっています。税引前当期純利益から始まり、現金預金期末残高につながることから、いわゆる黒字倒産（利益があるのに資金が不足）の可能性をチェックすることもできます。

【営業活動によるキャッシュフロー計算書の作成方法（間接法）】

営業活動によるキャッシュフローに特有の作成方法が「間接法」です。税引前当期純利益から未支出の費用などを元に戻すプロセスを経ることで、現金主義で計算した営業利益（キャッシュフロー）を計算することになります。これ以外にも、総支出・収入を合計して計算する「直接法」があります。

◎キャッシュフロー計算書の構成（間接法）◎

営業活動によるキャッシュフロー		
税引前当期純利益	500	
減価償却費	30	①
貸倒引当金の増加額	10	
受取利息及び配当金	△10	
支払利息	50	
有価証券売却益	△10	②
有価証券評価損	5	
固定資産売却損	5	
売上債権の増加額	△50	
棚卸資産の増加額	△30	③
仕入債務の増加額	60	
小計	**560**	
利息及び配当金の受取額	5	
利息の支払額	30	
法人税等の支払額	10	
営業活動によるキャッシュフロー	**605**	

投資活動によるキャッシュフロー	
有価証券の取得による支出	△150
有価証券の売却による収入	100
有形固定資産の取得による支出	△250
有形固定資産の売却による収入	200
投資活動によるキャッシュフロー	**△100**

財務活動によるキャッシュフロー	
短期借入による収入	100
短期借入の返済による支出	△130
長期借入による収入	100
長期借入の返済による支出	△130
配当金の支払い額	△20
財務活動によるキャッシュフロー	**△80**
現金及び現金同等物の増加	**425**
現金及び現金同等物の期首残高	**160**
現金及び現金同等物の期末残高	**585**

【営業活動によるキャッシュフローの①〜③】

①	未支出で計上された費用を戻す
②	本業だけのキャッシュとするために営業外項目と特別項目を戻す
③	売掛金や棚卸資産といった利益とキャッシュの期間のずれを調整する

【参考】キャッシュフロー計算書の見える化

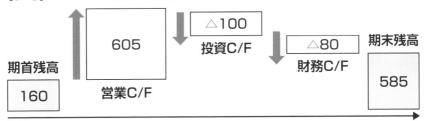

財務戦略および資金繰りの実行体制

実行体制を構築する重要性

　資金繰りといえば、かつては、「経営者と経理財務担当者が資金繰り表や預金通帳とにらめっこして、必要な情報を各部門にヒアリングして、わからないことは税理士等の専門家に質問して、金融機関に融資の相談に行く」といった一方向のコミュニケーションにより行なわれていました。

　しかし、現在の資金繰りでは、資金繰りのPDCAサイクルを回すために、経営者と経理財務部門だけでなく、専門家を含めた全社的な協力関係の構築は欠かせません。

　タテ型の体制ではなく、相互にコミュニケーションが取りやすいトライアングル体制などによる組織体制とすることで、資金繰りの多様化と有効性を高めることができます。

実効的な専門家の活用のしかた

　中小企業の経営に関する専門家としてあげられるのは、中小企業診断士、会計士・税理士、社会保険労務士といった士業です。こうした士業の方を活用するときは、経営者の個人的なつながりにのみ依存せず、会社として専門家の分野をしっかりと理解して、うまく使いこなすことが重要です。士業ごとに支援を依頼できる内容は右の表にまとめましたので、参考にしてください。

【有効な専門家（士業）の見極め方】

　まずは、経営者自身が、各士業の先生方の評判を確認したうえで面談して、先生がどのようなソリューションをもっているかということと、自分との相性を確認することが重要です。それに加えて、見極める際の次の3つのポイントも参考にしてください。

◎会社の体制とその関係（双方向コミュニケーションへ）◎

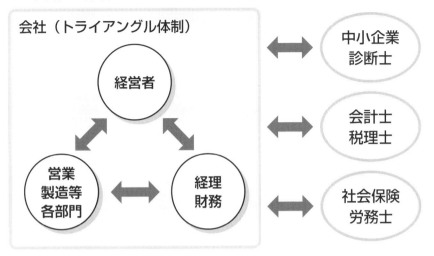

【専門家（士業）と支援を依頼できる内容】

士業名	依頼できる内容
中小企業診断士	中小企業の経営コンサルタントのプロであり、経営におけるさまざまな分野で相談できる。得意分野も分かれているので、事前の面談等でしっかりと見極めて依頼しましょう。
会計士・税理士	会計税務のプロであり、財務諸表の作成から財務状況の分析、さらに税金に関する相談などを依頼できる。あわせて、会社統治にも造詣が深いので、相談してみましょう。
社会保険労務士	人事労務のプロであり、従業員に対する給与や社会保険の取扱いから各種人事労務に関することにまで相談できる。補助金や助成金にも詳しいので、相談してみましょう。

①自分の資格以外の社会人等の実務経験ももっている

②先生然とせず、経営者と同じ視点に立って考えてくれる

③自分の専門でない分野にも豊富な人脈をもっている。さらに、その分野の専門家の紹介もしてもらえる

　なお、選ぶ際にあれもこれもと欲張ると誰にも頼めなくなるので、しっかりと優先度をつけて、決めてください。

ベンチャー企業と資金繰り

　ある建設関連会社の例ですが、社長から会長に退いた方が新しい事業を立ち上げ、農業ベンチャー企業を設立しました。その際にまず行なったことは、簡単な事業計画の作成と金融機関からの融資による資金調達でした。日常的な金融機関とのコミュニケーションを重視している方でしたので、金融機関からの信頼も厚く、融資の決裁にも時間はかかりませんでした。

　その後、このベンチャー企業の成長期にかけて、体制を構築し、役割分担を明確にしました。資金調達と体制構築により、会社の組織的な基盤ができ、事業の発展にもつながり、売上規模の拡大と体制の拡張を図りました。ちなみに、この方が当初構築した体制とは下図のとおりです。

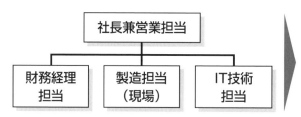

組織の規模の拡大に合わせる形で、営業部を独立させ、人事総務担当も設置し、会社のさらなる組織化を図っていく予定。

　いかがでしょうか？　事例として簡単に紹介しましたが、創立時期は金融機関からの融資を受けることで資金的な制約をなくし、成長期には社内体制を構築するという、本章で解説したとおりの動きをして、成長にもっていっています。

　ここで一番重要なのは、財務経理担当です。事業を行なう際は、資金の流れを押さえて適切な対策を取ることで、会社の成長を阻害しないことがもっとも重要といえるからです。

　大事なことは、気合と根性ではなく、会社の成長にとって一番早い方法を考え、タイムリーに実施することです。本書を有効活用して、会社のさらなる成長にお役立てください。

3章

資金計画、資金繰り表の基本とつくり方

執筆 ◎ 水口 若菜

資金計画をつくろう

🏢 資金計画とは何か

「**資金計画**」とは、起業や事業運営に必要な資金がいくらか、それをいつ、どこから調達し、さらにはどのように運用していくのかを検討することです。

実際に経営を行なううえでも、経営計画や事業計画を策定するにあたっても、互いに情報が関連しているため、資金計画の作成は必須になります。何より、企業にとって必要な資金をショートさせないことが、資金計画作成の目的です。これからどれくらいお金が必要になるのかを知り、入出金状況をきちんと把握して収支を管理し、キャッシュフローがプラスになるように計画を立てましょう。

🏢 事業計画や利益計画との違い

売上目標や利益目標を織り込んだ**事業計画**は、年次単位で作成し、予算として具体的に行動目標の指針とすることも多いため、なじみがある人も少なくないでしょう。この事業計画を作成する際には、利益の計算に際して当然に費用を計算する、つまり支出も考慮に入れているため、なぜわざわざ別途、資金計画を立てる必要があるのかと疑問に感じるかもしれません。

ここでポイントとなるのが、**損益の金額と現金の収支は、基本的に一致しない**という事実です。「利益が出ているから大丈夫」と思い込んでキャッシュフローに無頓着なままでいると、帳簿上は利益が出ているにもかかわらず、費用の支払いに必要な資金が不足して倒産してしまう黒字倒産を起こしかねません。倒産は、利益が出ていない赤字だからではなく、支払不能により事業継続できないから陥ってしまうものです。2020年代に入ってからの統計でも、倒産企

◎資金計画のイメージ◎

◎事業計画（利益計画）のイメージ◎

業のうち45%以上は黒字倒産であったことがわかっており、決して稀なことではありません。

　事業計画は「利益がどれくらい出るか」、資金計画は「資金が不足しないかどうか」を確認するため、それぞれに必要なものと考え、作成・修正していく必要があるのです。

経理・財務担当者の役割

「財務の仕事」として資金繰りに取り組む

2章で触れたように、経理担当の業務はすでに実行した取引を記録して損益を明らかにするような、過去にフォーカスされるものが多く、財務担当の業務はこれからの投資や調達など、未来の資産やキャッシュについて扱うものが多いといえます。つまり、狭義の「資金繰り」は財務の仕事であるといえるでしょう。

しかし、ほとんどの中小・零細企業などでは経理も財務も兼務され、違いもあまり意識できていないのが現状のようです。

経営者と違う視点からチェックする

財務の業務では、経営層が理念として掲げた経営戦略をベースに、経理から提出された会計資料や金融機関からの情報などを加味した財務の視点によって、今後の経営戦略を資金面においてより一層具体的なものに発展させていきます。そして、通常業務や将来の投資に関してなど事業活動に必要な資金を計算して予算を立案し、資金調達策を実行のうえ、資金運用や予算管理を行ないます。

ここで必要になるのが「経営者とは異なる視点をもつこと」です。もちろん最終的には、経営者と従業員は同じ方向を向いて経営を進めるべきです。しかし、財務担当としての専門知識をもってベースの案を検証することは、戦略の確実性を高めるために不可欠です。

たとえば、経営者の直感や決断力に頼りきって根拠なく過剰に投資をすれば企業の財務的な体力はなくなってしまいます。一方、慎重になりすぎて投資を必要以下に抑えてばかりいては、成長の機会を失ってしまいます。財務面から、適切であろうボリュームや時期などの経営判断に必要となるデータを提供し、サポートしていくこ

◎経理業務と財務業務の違い◎

経 理	財 務
Profit	Cash
過去を集計・分析 利益に着目	未来を予測 キャッシュに着目

財務会計	出納業務 記帳業務 集計業務 給与計算 財務諸表作成	資金調達　予算作成 資金運用　予算管理 経営資料作成	

管 理 会 計

過去　　　　　　　現在　　　　　　未来

◎職務としての「財務」に求められるもの◎

	求められる能力・職務		各業務を支える法的根拠・知識	業務効率化に関する知識 ―ITツール等
経理	財務会計関連能力			
	簿記知識			
	税務知識			
財務（狭義）	予算管理	予算作成		
		実行管理		
	ファイナンス	資金調達		
		資金運用		
経営	管理会計関連能力			
	戦略立案能力	課題分析能力		
		問題解決能力		
業務	社内業務・フローの把握			
	社内横断調整			
その他	コミュニケーション能力	社外対応		
	計画実行力	リーダーシップ		
		フォロワーシップ		

とが財務の本質的な業務となります。さらに、経営の過去・現在（→経理）と未来（→経営）をつなぎ、経営層とその他の従業員とを予算をカギとしてつなぐ、といった面ももっています。

　このように、財務には専門知識にプラスして、経営に関する理解力や着実な計画遂行力が求められるのです。

経理・財務担当者の基礎知識①
～「B／S」と「P／L」～

🏢 財務諸表＝決算書

「**財務諸表**」とは、一般には「**決算書**」と呼ばれる書類の総称で、なかでも「**財務3表**」は資金繰りを行なううえで必須のものです。

ただの「日々の業務で仕分け入力さえしておけば、会計ソフトが自動で作成してくれる書類」ではありません。作業としての業務は卒業し、利益計画や資金計画、ひいては経営計画の作成に活かすべく内容を理解して読み取れるようになりたいものです。

🏢 貸借対照表（B／S）と損益計算書（P／L）を読もう

P／Lは、一番上に売上高があって、そこから下にいくに従って費用を差し引き、一番下に残ったのが利益であるという構造です。

一方、B／Sは、左右の合計は一致しており、何がプラスで何がマイナスなのか、どこをどう見ればよし悪しが判断できるのかがつかみにくいため、理解しにくいようです。そもそもB／Sの「よし悪し」の判断は、業種や企業体質などによって異なるものなのです。

ここで意識しなければいけないのは、**P／LとB／Sは有機的に関連している**ということです。実は、これを頭に入れたうえでなければ、財務諸表は読めないのです。

B／Sを理解するには、まず全体を大まかに把握することがポイントです。左側の「資産の部」はプラスの財産です。資産は事業活動に使うことでP／Lの費用へと姿を変え、収益獲得に貢献します。

B／Sの右側の上は「負債の部」で、マイナスの財産です。負債はほとんどが債務で構成されており、返済義務を負っています。下は「純資産」の部で、株主資本と過去の利益の蓄積です。そして、「資産の部＝負債の部＋純資産の部」となっています。

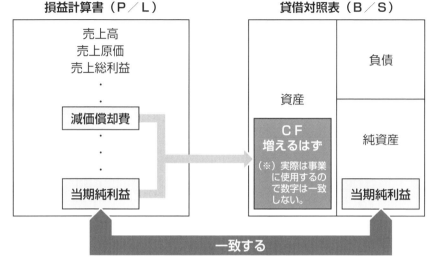

◎「B／S」と「P／L」の関係◎

損益計算書（P／L）

売上高
売上原価
売上総利益
・
・
減価償却費
・
・
当期純利益

貸借対照表（B／S）

負債

資産

CF
増えるはず

（※）実際は事業
に使用するの
で数字は一致
しない。

純資産

当期純利益

一致する

（※）この「一致しない数字」によって、B／S
から事業活動の一部を読み取れる。

　P／Lの一番下の「当期純利益」は、B／Sの純資産の部「繰越利益剰余金」の当期増加額と一致します。すべてが現金取引であれば、この金額がまるまる現預金の増加となっているはずです。しかし、通常はそうなりません。たいがいの事業には現金支出のない費用＝減価償却費があるためです。

　では、「当期純利益＋減価償却費」が現預金の増加となるのでしょうか。大筋ではその考え方で合っています。しかし、事業を営んでいれば、得た現預金は必ず再び事業のために使うはずです。

　たとえば、新たな設備投資をしていれば、増加するはずだった現預金は固定資産の増加として使われています。あるいは、債務の返済に充てていれば、そのお金は負債の部の減少として使われています。それとも、未回収の債権が多いのかもしれません。であるなら、現預金が増加する代わりに売掛金や受取手形が増加しています。

　このようにP／L項目である利益と減価償却費が、B／Sのなかで姿を変えて存在しているだけなのです。

経理・財務担当者の基礎知識②
～「ＣＦ計算書」と「資金繰り表」～

ＣＦ計算書は「過去」、資金繰り表は「過去から未来」

　財務３表の残りの一つ、「キャッシュフロー計算書」（以下、「ＣＦ計算書」）は資金の流れを明らかにできる資料です。

　ＣＦ計算書は、Ｂ／ＳとＰ／Ｌから必要な数字を抽出して作成されます。１年間のキャッシュフローの「動き」を見るための補助的な表であり、資金繰りの結果を分析するのに有効です。上場会社や一部の公益法人には作成・公開が法律で義務づけられています。

　ところで、資金の流れを確認するためには、資金繰り表の作成が有益だと１章でも見てきました。どちらも資金の流れ、キャッシュフローの動きがわかるものですが、違いはどこにあるのでしょうか。

　ＣＦ計算書は、Ｂ／ＳとＰ／Ｌから数字を抽出するわけですから「過去」の一定期間の資金の増減に着目した表です。項目別にいくら入出金があったのかを確認するために作成します。一方、資金繰り表は「過去から未来」、特に資金の増減の未来予測のために作成する点が異なっています。つまり、実務ではまずＣＦ計算書で過去の事業活動をキャッシュフロー面から分析して事業計画（利益計画）に活かし、資金繰り表へ反映させる流れとなります。

ＣＦ計算書を分析しよう

　ＣＦ計算書には、「営業活動によるキャッシュフロー（営業ＣＦ）」「投資活動によるキャッシュフロー（投資ＣＦ）」「財務活動によるキャッシュフロー（財務ＣＦ）」の３つの計算区分があります。

　ほとんどの企業で最も金額が大きく重要なのが「営業ＣＦ」です。「利益＋減価償却費」と理解しておけば大きな問題はないでしょう。本業のＣＦを表わしていますが、プラスならば安心とは限りません。

◎ＣＦ計算書の３つの区分の動きで見えてくることの例◎

営業ＣＦ ＋	営業ＣＦ ＋	営業ＣＦ －	営業ＣＦ －
投資ＣＦ －	投資ＣＦ －	投資ＣＦ －	投資ＣＦ ＋
財務ＣＦ －	財務ＣＦ ＋	財務ＣＦ ＋	財務ＣＦ ＋
・本業で稼げている ・将来へ向けた設備投資ができている ・借入返済が進んでいる	・本業で稼げている ・将来へ向けた設備投資を積極的に行なっている ・投資のために借入や直接金融で資金を調達している	・本業で稼げていない ・将来へ向けた設備投資を積極的を行なっている ・投資のために借入や直接金融で資金を調達している	・本業で稼げていない ・資産を売却して資金をつくっている ・借入で運転資金を賄っている

儲かっていなくても営業ＣＦをプラスにする方法があるためです。

　たとえば、支払手形の期日を延ばせば、１か月分の支払いがプラスになります。支払予定額を先延ばしするのは、信用を失う行為でもあり、よいこととはいえません。Ｂ／ＳやＰ／Ｌも併せ見て、利益や資産・負債の内容とともに総合的に分析する必要があります。

　「投資ＣＦ」は、主に固定資産の購入です。マイナスになるのが健全な企業といえるかもしれません。たまに固定資産を売却してプラスになることもありますが、利益を出してキャッシュを獲得し、再び設備投資するのが成長する企業のあり方でしょう。

　「財務ＣＦ」は、主に借入金の増減です。新規借入をすればＣＦはプラスになり、返済をすればマイナスになります。一概にプラス・マイナスのどちらがよいというものではありません。借入の内容によって判断すべきです。固定資産の購入に充てているなら投資ＣＦはマイナスになっているでしょう。運転資金の不足を補うためなら営業ＣＦがあまりよくないのかもしれません。

　このように、ＣＦ計算書を用いれば資金繰りの結果を３つに区分して分析できるので、来期以降どのように資金計画を策定するかを検討する際の材料となるのです。

3-5 「資金繰り表」の作成のしかた①
～月次資金繰り表～

🏢 資金繰り表で資金繰り状況を「見える化」する

「資金繰り表」は、主に月次単位で入出金の予定・予測をまとめておくもので、**実務的な資金管理**に利用します。事前に月末の現預金の予定残高がいくらになるのかが明らかになるため、計画的な資金調達に役立ちます。具体的な作成方法について見ていきましょう。

資金繰り表を作成するにあたって収集すべき情報は、大きく分けて以下の3つです。

①**手元のキャッシュ（現金・預金）**

②**収入予定金額**

③**支出予定金額**

②や③は予定・予測の金額なので、売上や販売費及び一般管理費については、**事業計画を反映させたもの**とします。これらの情報を要素ごとに時系列に合わせて表に入力していけば、資金繰り表は出来上がります。

◎資金繰り表に必要な情報◎

	よくある項目
①キャッシュ	前月末時点で手元にある現金・預金残高
②今月の収入予定金額 （金額・入金日）	現金売上・売上債権
	期日が到来する受取手形
	借入金、受取利息
	補助金・助成金　　　　　　　など
③今月の支出予定金額 （金額・出金日）	現金仕入
	期日が到来する支払手形
	販売費及び一般管理費
	借入金返済、支払利息
	納税　　　　　　　　　　　　など

◎資金繰り表に必要な要素◎

		予想	実績
前期繰越金			
入金	・営業収入 ・営業外収入 ・財務収入		
出金	・営業支出 ・営業外支出 ・財務支出		
次期繰越金			

◎月次資金繰り表のフォーマット例◎

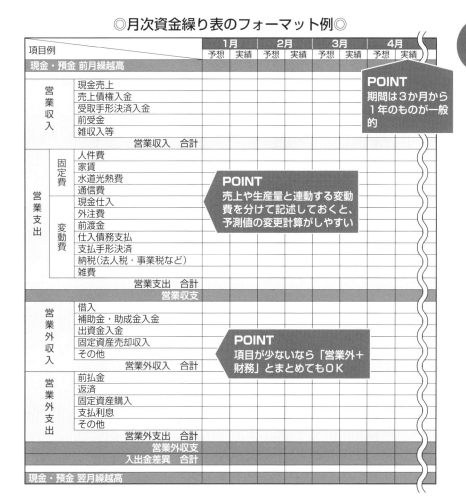

項目例			1月 予想	1月 実績	2月 予想	2月 実績	3月 予想	3月 実績	4月 予想	4月 実績
現金・預金 前月繰越高										
営業収入		現金売上								
		売上債権入金								
		受取手形決済入金								
		前受金								
		雑収入等								
		営業収入　合計								
営業支出	固定費	人件費								
		家賃								
		水道光熱費								
		通信費								
	変動費	現金仕入								
		外注費								
		前渡金								
		仕入債務支払								
		支払手形決済								
		納税(法人税・事業税など)								
		雑費								
		営業支出　合計								
営業収支										
営業外収入		借入								
		補助金・助成金入金								
		出資金入金								
		固定資産売却収入								
		その他								
		営業外収入　合計								
営業外支出		前払金								
		返済								
		固定資産購入								
		支払利息								
		その他								
		営業外支出　合計								
営業外収支										
入出金差異　合計										
現金・預金 翌月繰越高										

POINT
期間は3か月から1年のものが一般的

POINT
売上や生産量と連動する変動費を分けて記述しておくと、予測値の変更計算がしやすい

POINT
項目が少ないなら「営業外＋財務」とまとめてもOK

　上図は「月次資金繰り表」のフォーマット例です。資金繰り表の作成・運用の目的や、入出金時期やボリュームの特徴、どこまで詳細な記述が求められているかの程度など、場合によっては上記フォーマットの項目変更が必要になりますので、自社の状況に合わせて適宜カスタマイズしてください。不確実性が高い場合は、確度によって予想の欄を複数つくっておくのも一法です。

　なお、作成した月次資金繰り表の運用方法については4章で詳しく見ていきます。

「資金繰り表」の作成のしかた②
～日次資金繰り表～

必要に応じて日次の資金繰り表も作成する

　資金繰りに余裕がない場合は、日次化・週次化といった短いサイクルで資金繰り表を作成すべきです。月ごとだと、月中のキャッシュボトムにおいて資金不足に対応できない可能性があるからです。

　日次の資金繰り表は「日繰り表」とも呼ばれますが、これは日々の入出金を把握するために作成します。記録が毎日必要となるため、作業が煩雑になる点には注意と工夫が必要です。

【日次資金繰り表の作成手順】

　日次資金繰り表には、月次資金繰り表の列を日次に変えただけのものもありますが、より喫緊対応に向いたものは右図の「通帳形式」のものです。日常的に動きがある口座や現金のみを対象とするので、定期預金口座の分は必要ありません。

　作成手順は、「前月繰越」欄に残高を転記したあと、入出金案件とそれによって変化した現金預金残高を1件ずつ入力していくだけです。おおまかに確認したい場合は千円単位などにまるめてもよいです。逆に、ここの入力データを1次データとして経理に活用する場合などは、1円単位で記入し、摘要も会計用語を使って詳細にまとめておくほか、仕訳科目欄を追加しておくのもよいでしょう。**モレなく、毎日続けられる形にしておくことが重要**です。適宜カスタマイズしていきましょう。

　最近では、事前にある程度のルールを決めたうえで入出金予定を登録していけば、自動で資金繰り表を作成してくれる会計ツールやクラウドソフトもあります。カレンダー形式やカード形式でスケジュールを確認できたり、銀行口座ごとに入出金予定をチェックできたりといったものもあり、独自の機能を便利に活用できそうです。

◎日次資金繰り表（通帳形式）のフォーマット例◎

○○銀行◇◇支店普通口座分 （単位：円）

日付	相手先	摘要	入金	出金	残高
前月繰越					8,000,000
4月1日	A社	現金仕入			6,000,000
	B社	経費支払			5,000,000
4月5日	C社	通信費支払			4,800,000
4月15日	D社	売掛回収	2,500,000		7,300,000
	E社	家賃引き落とし		1,000,000	6,300,000
4月25日		給与支払		7,000,000	-700,000
4月28日	F社	外注費支払		500,000	-1,200,000
4月30日	G社	売掛金回収			
	H社	売掛金回収			
	I社	売掛金回収			
	J社	売掛金回収	5,000,000		
	K社	売掛金回収	5,000,000		18,800,000
	○○銀行	借入返済		2,000,000	16,800,000
	○○銀行	支払利息		50,000	16,750,000
	△△信金	借入返済		2,000,000	14,750,000
	△△信金	支払利息		50,000	14,700,000
	L社	外注費支払		500,000	14,250,000
	A社	買掛金支払		7,000,000	7,700,000
	◇◇信金	資金移動	5,000,000		12,700,000
翌月繰越					12,700,000

POINT 相手先・摘要欄は関係者が見てわかるレベルでOK

POINT 合算せずに1件ずつ記述する

⚠ ショートの危機

資金繰り表の作成で何より大切なこと

　資金繰り表の作成に関して大切なのは、以下の3点です。

①まず資金繰り表を作成すること

②おおまかでも情報をこまめに入力すること

③情報が確定したらそのつど更新すること

　正しく情報を「見える化」してこそ、資金ショート危機への対応が可能となります。ひいてはキャッシュの流れを把握しての投資や経営を可能にし、「キャッシュフロー経営」にもつながっていくのです。「つくる・続ける・更新する」と強く意識づけてください。

「資金計画書」の作成のしかた

社内の資金に関する情報をすべて収集する

　資金繰り表で資金の流れを予測・管理できるようになったら、資金計画を**資金計画書**にまとめていきましょう。

　まずは、資金計画の計算のために必要な情報を収集していきます。収集すべき情報は、資金繰り表の作成時と同様、大きく分けて「①手元のキャッシュ（現金・預金）」「②収入予定金額」「③支出予定金額」の3つです。

　起業や事業・プロジェクトの立上げの際の資金計画を想定すると、立上げに必要な資金と、収入がキャッシュとして入ってくるまで、また運用が安定するまでに必要な資金が「①＋②」といえます。

　また、年単位の資金計画は通常、月次で区分して作成するため、1か月単位で区切った「①＋②」が「今月の支払い能力」といえます。

資金計画書をつくってみよう

　起業における資金計画書と、年単位の資金計画書を作成する場合のおおまかな作成手順は以下のとおりです。

【起業における資金計画書】

①手元のキャッシュを確認し、記入する

②必要な設備資金（機械装置、店舗、車両、備品など固定資産にあたるもの）を洗い出し、内訳・金額を記入する

③事業サイクルに合わせた期間における運転資金（仕入、人件費、光熱費など）を洗い出し、内訳・金額を記入する

④調達可能な借入れや直接金融について洗い出し、内訳・金額を記入する

◎資金計画の作成に必要な情報◎

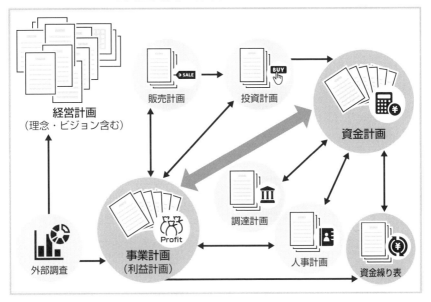

【年単位の資金計画書】

①前月末時点の現金・預金を経理情報より確認して記入する

②月次の事業計画（利益計画）を反映させた資金繰り表を作成する
（計画作成時点で確定していない変動費については、過去の事例
から比率を計算しておく）

③投資計画、人事計画、調達計画などの実施時期・数値を反映させ、
資金計画書としてまとめる

④資金計画の内容を資金繰り表や事業計画にフィードバックする

　時には２週間など短い期間や、３年から10年程度の中期・長期の
計画を作成することもあるでしょう。短期間のものは日単位で区切
り、確度の高い情報だけでまとめる、長期のものは情報の確度・期
待度に合わせて数パターンを作成するなど、工夫してみましょう。

　もちろん資金計画においても、情報の確定・変更があれば、その
つど反映させていくことはいうまでもありません。

資金計画書のフォーマット例

起業する際の資金計画書のつくり方

　起業や事業・プロジェクトの立上げに際しては、その「立上げ時点」で必要な資金がいくらか、またそれをどのように調達するかを資金計画書で明らかにします。時系列についてはまだ考慮せず、貸借対照表（B／S）のような形でまとめていきます。下図は中小企業庁のサイトでも紹介されているフォーマットです。必要な資金をモレなく記述すること、設備資金と運転資金を正しく区分すること、必要な資金と調達する資金の合計額を一致させることが重要です。

（単位：万円）

必要な資金		金 額	調達の方法	金 額
設備資金	土地 店舗 工場　　　など		自己資金	
	機械装置 車両 内装工事費 備品　　　など		親戚・知人からの借入 その他出資	
			金融機関からの借入	
運転資金	商品仕入れ 人件費 広告宣伝費 諸経費　　　など			
合 計			合 計	

POINT
一般的に、金融機関からの借入れは「必要な資金」の2/3が限度とされる

合計額は一致させる

　この形式は日本政策金融公庫の創業計画書内の「必要な資金と調達方法」にあるものとほぼ同じです。日本政策金融公庫から融資を受ける場合は、この計画書も当然審査のポイントになります。「必要な資金」は本当に事業に必要か（過大ではないか）、自己資金額に対して借入額が多すぎないか、といった点がチェックされ、不適

切と判断されると融資金額の減額や否決につながりますので、注意が必要です。

年単位の資金計画書のつくり方

年単位のものは月ごとに、つまり時系列の概念を含めたうえでまとめます。3-4項で見たように、事業計画（利益計画）から資金繰り表の情報をまとめたうえで、投資計画、調達計画などの戦略と数字を落とし込んでいきます。月次の資金繰り表と共通する情報が多くあり、フォーマットもほぼ共通したものが使用できます。

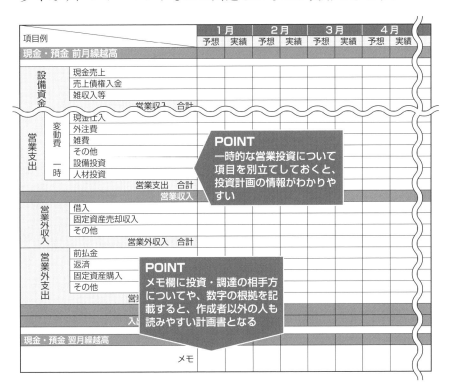

投資計画や調達計画等の情報を詳細に反映させるために項目を追加したり、月次資金繰り表に入力したデータを引用できるようにしておいたりと、変更を加えつつも、月次資金繰り表に近い形式のフォーマットにしておくことで、作成の手間が軽減できます。

資金繰りと
その他計画書との関係

ほかの計画との齟齬がないかをチェック

　3－7項で見たように、資金計画書の情報は事業計画（利益計画）や経営計画に反映させる必要があります。それぞれの計画は有機的に関連しており、どれかが変更になれば当然、他の計画にも影響してくるためです。互いに影響するということは、資金繰りにおいても経営計画や事業計画（利益計画）、投資計画、販売計画といった各種計画は当然、必要かつ重要になってくるわけです。

　しかし似たような名前の計画が多く、さらに企業・個人によって同じものを違う名前で呼んでいたり、狭義のものと広義のものでは別の計画と呼んだほうがわかりやすいものがあったりと、混同しや

◎各計画の特徴と違い◎

計画名	目的	含まれる内容	ポイント・その他
経営計画	・経営の目的や目標を明らかにし共有する ・会社の理想の姿と現在の姿を比較し、理想までのギャップを埋める手段やマイルストーンを決める	・経営理念・ビジョン ・展開する事業すべての計画を含む ・その他の下位計画を包括する ・社外向けの場合は自社の紹介（概要・沿革などの基本情報、強み／弱みなどの特徴） ・現状分析 ・環境分析	・ストーリーに矛盾がないことが重要 ・単一事業の企業では事業計画と混同されやすい
事業計画	・事業単位の「経営計画」を明らかにする	・事業コンセプト ・社外向けの場合は自社の紹介 ・現状分析 ・環境分析	・内容は利益計画が中心となる ・アクションや目標には具体性・実現性が必要となる ・資金調達の際によく用いられる

（右ページに続く）

計画名	目的	含まれる内容	ポイント・その他
利益計画 損益計画	・どのように利益を出すか、いくらくらい利益を出すかについて、目標と行動指針を立てる	・目標利益 ・費用予想	・数値の根拠を明らかにする
販売計画	・何を、いくつ、いくらで、どのルートで販売するかについて、戦略や目標、行動指針を立てる	・売上目標 ・ターゲット	・客単価、販売数、営業日数などから売上目標を立てる
投資計画	・いつ、何に対して、いくらの投資をするのかについて、計画と行動指針を立てる	・設備投資にかかる見積り ・人材投資にかかる見積り ・その他費用予想	・投資によってキャッシュフローがプラスになるかチェックする
要員計画 人事計画 人員計画	・業務に人材が何人必要か検討し、人件費を確認する ・採用・教育・配置に関する行動指針を立てる	・人材投資にかかる見積り ・その他費用予想	・人件費は固定費として割合が大きいため、計画を切りだしておく
調達計画	・いつ、どこから、何をいくら調達するのかについて、必要性を分析し行動指針を立てる	・調達先と調達プラン	・資金の使用用途は明確にしておく
資金計画	・資金をショートさせない ・未来の資金の流れを明らかにする	・すべての計画の行動に伴う必要資金の金額	・キャッシュフローに着目する ・資金繰りに余裕がない場合は情報更新の頻度を高める必要がある

すい状態にあります。そこで、各計画がそれぞれいったい何を指すものか、何を目的としたものかなど、表にして整理しておきます。

　経営は、たくさんの計画を立てて、回していかなくてはなりません。しかし、これらも結局は**すべて経営計画の一部**であり、使用シーンや対象者にわかりやすくフォーカスして切り出しただけです。

　外部環境の変化が激しい時代においては、トップダウン、ボトムアップいずれの方向からも計画の変更が起こり得ます。事業活動の結果はすべてキャッシュに反映されるために、何か変更があれば資金計画は必ず影響を受けます。全体をひとつの計画と考え、齟齬がないようにまとめていきましょう。

3-10

計画と実績の把握、そして差異分析

資金計画のPDCAを回していこう

前項までは、資金計画におけるPDCAサイクルのなかの「P：プラン（計画）」「D：ドゥ（実施）」について主に見てきましたが、本項では「C：チェック（評価）」を、次項で「A：アクション（改善）」について解説します。

計画作成のうえで忘れてならないのが「C」です。いい計画をつくっても検証できなければ、結局はよくなる方向には進めません。PDCAサイクルがうまく回らない事例の原因はほとんど「C」にあり、主に以下の2パターンに分類できます。

①計画をつくりっぱなしでチェックしようとしない。また、その機会をつくらない

②そもそも計画をチェックしたくてもチェックできる内容ではない（計画が具体性に欠けている）

これらを回避するためには、「P」の段階から、チェックをルーティン化できるような体制づくりを進めておく、きちんと定量的な目標を設定しておく、といった工夫が必要となります。

資金計画における「C：チェック」とは

資金計画における「C」は、計画（予算）と実績の差異を具体的に確認して、目標に対して予定どおりに進んでいるのか、その内容を評価することをさします。一般的に、年度予算はあっても月度管理の予算はつくらないことが多いのですが、「予定どおりかどうか」を見ていくためには、進捗を確認して月次の推移を追うための管理指標を必要とします。指標のつくり方には2つの方法があります。

①品質管理のように、実績値が許容範囲内にあるかの目印をつくる

◎差異の許容範囲に着目したチェックの例◎

（単位：万円）

項目例	○月				
	予想	実績	差異	差異許容範囲	乖離状況
現金・預金前月繰越高	1,000	500	(500)	-300〜上限なし	×
営業収入	1,500	1,700	200	-100〜上限なし	◎
営業支出	1,200	1,200	(100)	-300〜100	○
営業収支				-300〜上限なし	○
財務収入				-300〜300	○
財務支出				-300〜300	○
営業外収支	(100)	0	100	-300〜300	○
入出金差異　合計	100	500	400	-300〜300	◎
現金・預金翌月繰越高	1,100	1,000	(100)	-300〜上限なし	△

POINT
「目印」となる数値は事前に設定しておく。実績数値が出ればすぐに判断が可能となる

◎曲線を用いたチェックの例◎

（単位：万円）

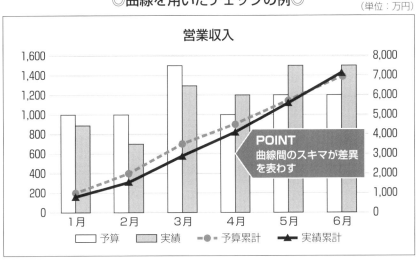

営業収入

POINT
曲線間のスキマが差異を表わす

予算　　実績　　予算累計　　実績累計

②工事の出来高管理のように、現在実績値が目標値に対してどの程
　度達成できているのかを曲線で示すようにする

　どちらを選ぶかについては、業態により向いたものが異なるので、
それぞれを試したうえで決定しましょう。①のほうがシンプルで感
覚的に理解しやすいですが、月ごとに入金のばらつきが大きい場合
などは②のほうがわかりやすいこともあります。

差異分析の事例とアクション化

予算を分析してアクションへとつなげる

　資金計画において毎月重要視するポイントは、**繰越金の増減**です。そこで、資金繰り表における差異分析と、「Ａ：アクション」の事例を見ていきましょう。

（単位：万円）

項目例		予想	実績	差異 （実績−予想）
		○月		
現金・預金前月繰越高	A	1,000	500	-500
営業収入	①	1,500	1,700	200
営業支出	②	1,300	1,200	-100
営業収支	B＝①−②	200	500	300
財務収入	③	0	0	0
財務支出	④	100	0	-100
営業外収支	C＝③−④	-100	0	100
現金・預金翌月繰越高	D＝A＋B＋C	1,100	1,000	-100
繰越前月比	D−A	100	500	400

　まず差異分析ですが、この事例では「繰越前月比」が400万円改善されています。前月繰越高が予想（予算）に対して大幅にショートしていることがわかった時点で、各部門でキャッシュを積み上げる努力をしたと考えられます。その結果、営業収入の増加、営業支出の削減を実現できました。それに加えて、財務支出を取りやめていることもわかります。金融機関と協議のうえ、リスケジュールなどの対策を取ったものと思われます。

　つまり、「Ｃ：チェック」で判明した事実をもとに、「Ａ」が必要

だと判断して実行したために、改善に成功したといえます。やはり、このようにキャッシュフローとして資金の流れをふだんから把握しておかなくては、経営は成立しません。さらに危険を察知しても「A」が実行できなければ、何の意味もなさないのです。

スムーズな予実管理のために

「予算」と「実績」の管理は「予実管理」と呼ばれ、資金計画に限らず経営に関するどの計画においても必須事項となります。そして、定量的な数値を使った目標管理のため、その評価には「よい」か「悪い」かしかありません。現状をフィーリングでなく客観的に確認できるようになることは、予実管理の大きなメリットです。

また、予実管理においてはなるべくリアルタイムの情報を把握しておきたいところです。短いスパンで予算と現状の差異を確認・分析することで、予実の差異が起こっている原因はどこにあるのか、そもそも予算の設定自体に難があるのかといった問題点の明確化や、アクションへの移行がスピーディーになるためです。逆に、成功したプロジェクトの成功要因を紐解く際にも役立ちます。

資金計画における予実管理は、多くの場合、月単位で実施しているようですが、経理業務のデジタル化が進み、各種レポート形式でリアルタイムで共有できる方式に進化しつつあります。機を逃さないよう、定期的かつ頻度の高い管理をめざしたいものです。

事前準備でさらにアクションがとりやすくなる

本項の事例では、キャッシュの観点から経営をみていくことの重要性と、予実管理によって「A」が実行できることを示しました。

しかし、アクションが取れたのはアクションが取れるような管理をしていたからです。本来、コンティンジェンシープランとして計画どおりにいかないときに備えて二の矢、三の矢が打てるように準備しておくべきです。特に資金ショートに関しては取り返しのつかない事態を招かないよう、慎重に慎重を重ねて準備をしてください。

課題の抽出と対策の検討

資金繰りにおける課題と対策方針

　資金繰りが大変になる理由は、「困ったこと」になってから次の**アクションを探しにいくからです**。場合によっては、即座に休業し、出血を止めることも考えるべきです。止めておかないと、どんどん血液が流れ出てしまいます。

　そこで、以下に課題パターンと対策方針について簡単にまとめておきましたので、ぜひ押さえておきましょう。

①入出金状況の把握

　商品を販売したら「いつまでに」「いくら」の入金があるのか、商品を仕入れたら「いつまでに」「いくら」の支払いが必要になるのか、資金繰り表を作成して、自社の入出金状況を把握するのが原則です。

　特に、入金状況はこまめにチェックすることが大切です。「回収サイトは短く、支払サイトは長くして資金繰りを楽に」などという考えもあるようですが、サイクルの速い現代でキャッシュを大事にするならば、回収も支払いも即決済がベストです。ふだんから現金払いをしているからこそ、一時的に困ったときには待ってもらえるのが人情です。

②在庫管理

　在庫管理が重要ではないと考える企業は少ないはずですが、これは簡単に解決できる問題ではありません。機会損失を気にする営業側と過剰在庫を恐れる経営側のバランスをどこにとるのか、理論的・経験的な解を見つけなければなりません。

資金管理の問題としてみれば、ムダであろうと、計画的であろうとなかろうと、必要なときには在庫をいちはやく現金化する手段を持っておかなくてはいけないのです。

③資金調達力

資金不足に陥らないように、必要なときに必要な資金を調達できる体制を事前に準備しておくことが重要である点はいうまでもありません。そのためには、日頃から取引先や金融機関とのコミュニケーションをとっておく必要があります。

借金はイヤだという経営者もいますが、金融機関から見ても不安定な企業にお金を貸すことはありません。借金ができるのは優秀な企業だけです。本書ではそのことを6章でも解説しています。

④ビジネスモデルの違いと変化

回収も支払いも短く、なんなら「回収も支払いも即決済がベスト」といいましたが、実際には「前払い」が主流になりつつあります。欧米や中国では珍しいことではないのですが、日本の環境ではまだあまりなじみがないかもしれません。

先に商品を納入してから請求書を出して入金があるのが普通に思えるかもしれませんが、請求書を出してそのとおりに入金してくれる国は日本以外にはあまりないということです。キャッシュフローの面から、仕入れにおいても納品においても一考の余地があります。

⑤組織づくり

前項で紹介した事例にもあるように、やはり問題解決は外部に働きかけるよりも、内部の努力で吸収するほうが労力はかかりません。

販売努力、コストダウン努力、その他支出を削減する努力の余地を備えておくことが、問題解決能力となります。人材の能力・モチベーション管理も含めた組織づくりを、計画的に進める必要があります。

補助金申請時の事業計画の作成

　3章では資金計画をはじめ、その他経営に必要な計画について解説してきました。しかし、各種計画の必要性は理解しつつも、「実務に追われて時間がない」「つくり方や文章化が自分には難しすぎる」などと理由をつけて逃げている企業も多いようです。実際に2020年版の中小企業白書によれば、中小企業での経営計画の策定率は約7割程度、小規模事業者においては5割を下回っています。

　中小企業診断士は、補助金申請の伴走支援において、申請することになって初めて事業計画書を作成するという企業のお手伝いをすることがよくあります。申請書には企業紹介についても記述しなくてはなりませんが、そういった企業では当然「経営理念は何か」「何をミッションとしているのか」といったことも初めて明文化することになります。どういうわけか、この点が非常に難しいという経営者が多いようです。すでに何かしらの「想い」をもって経営していたり、起業の準備をしていたりするにもかかわらずです。

　そんなときには、インタビュー方式で経営者の「想い」としての価値観や信条などを探っていくことになります。すると、事業とは直接関係のない学生時代やアルバイトでの経験や、家族とのエピソードといった雑談のような部分にこそキーワードやヒントがあることが多くありました。やはり経営者個人の「人としての核」のようなものが事業の方向性にも表われるのでしょう。また、経営者の能力・力量や資質、熱意などは模倣可能性の低い「強み」となるため、補助金申請においては強調したいポイントです。

　経営理念や行動指針の明文化に悩んだときは、創業者が好きだったことは何か、経営者が苦手な人はどんなタイプか、仕事をしていてうれしいことは何かなど、ぜひ経営陣で話し合ってみてください。何気ない会話のなかから見えてくるものがあるかもしれません。

4章

資金計画の実行管理のしかたと
悪化させる要因

執筆 ◎ 二和田 裕章

資金計画の実行管理で重要なこと

🏢 利益とキャッシュフローにはズレがある

「**資金計画**」はあくまでも計画であって、事業を運営していると計画どおりにいかないことは多々あります。

月次損益計算書だと利益が出ているのに、なぜか資金繰りに苦労する。これは、ほとんどの経営者が味わった経験ではないでしょうか。その原因は、利益とキャッシュフローのズレによるものです。

利益は、収益から費用を差し引いた残りです。キャッシュフローは、現金収入から現金支出を差し引いた残りです。この2つは必ず時間的なズレが生じるものです。

通常、事業は利益が出るように計画します。現実に利益が出ない事業ならば、事業そのものが世の中からなくなるでしょう。利益が出る、ということはキャッシュフローもプラスになるはずです。

しかし、超短期的にはキャッシュフローはマイナスになるのが正常です。なぜなら、ほとんどの事業は**現金収入よりも現金支出が先に生じる**からです。たとえば商品を仕入れて売る、という事業では、当然ですが商品を仕入れるのが先になります。仕入れた時点では、キャッシュフローはマイナスです。その後、商品を売って代金を回収したときに、初めてキャッシュフローはプラスになります。

月末までに商品が売れなければ、もちろん当月利益はマイナスになり、キャッシュフローもマイナスです。たとえ商品は売れても代金が未回収であれば、その当月利益はプラスでもキャッシュフローはマイナスになるのです。

したがって、資金計画の実行管理で最も重要なのは、「利益とキャッシュフローのズレ」を調整し、資金が不足しないようにコントロールすることです。

商品仕入	・まず仕入れがなければ売るものがない ・代金の支払い＝現金支出
商品販売	・時間と労力をかけて売る ・売上－（仕入＋販売費用）＝利益
代金回収	・代金を回収するまではお金がない ・お金を回収してやっとＣ／Ｆもプラスになる

利益とＣ／Ｆの時間差を調整するのが
資金繰りのポイントです！

🏢 利益とキャッシュフローのズレを調整するには

　利益とキャッシュフローのズレを調整するためには、融資の実行と返済の管理が重要です。事業運営のなかで、キャッシュフローが一時的にマイナスとなるのが正常であるならば、融資を受けなければ資金不足に陥るからです。

　製造期間が長く、売上代金の回収までに相当の時間を要する事業ほどキャッシュフローがマイナスになる期間が長いため、多額の融資を受けて資金の余裕を維持しなければなりません。逆に、短期間で現金化される事業であれば、融資額は少なくても資金の余裕を維持できるはずであり、事業そのものが利益を出せる状況にしておけば、比較的資金繰りに苦労することはありません。

資金管理で経営者が意識すべきこととは

🏢 短期的、中期的、長期的な視点から意識する

　健全で安定した資金繰りのためには、経営者は「短期的な視点」「中期的な視点」「長期的な視点」を意識する必要があります。

【短期的な視点】

　「短期的な視点」とは、まず1か月の資金の動きのなかで、**いつ頃キャッシュのボトムがくるかを把握する**ことです。その月内の支払予定のなかで、確保しておかなければならない金額を常に意識し、ボトムのときに枯渇しないようにコントロールします。通常は、買掛金の支払いや給料日などまとまったキャッシュアウトがある時期にボトムとなるでしょう。

　ほとんどの経営者は月単位での資金繰りは日々意識しているので、いつ入金があっていつ支払いをするかという点はわかっています。そのため、支払いの際にどれだけ資金の余裕をつくり出せるかが重要です。ボトムの資金にある程度余裕をつくり出せれば、毎月の支払日を恐れることはなくなるでしょう。

【中期的な視点】

　「中期的な視点」とは、1年を通して見たときにどこでキャッシュのトップおよびボトムがくるかを把握することです。トップがくるときは資金的に余裕があるので、設備投資や事業拡大などのチャンスです。自己資金と融資のバランスを考えて、投資などをした後にもある程度の資金が残っている状態を保たなければなりません。

　ボトムがくるときはその逆で、運転資金の融資などを計画的に想定しなければなりません。いずれの場合も、前もって準備することでスムーズな資金繰りに寄与します。月別のキャッシュがトップのときもボトムのときも、一定額以上の手持ち資金を確保していれば、

安定した資金繰りが実現できるでしょう。

【長期的な視点】

「長期的な視点」とは、**数年単位の大まかな資金計画を把握する**ことです。まず、現在受けている融資は返済がいつ終わるかという点は常に意識すべきです。また、融資の内容も重要です。設備投資であれば、その設備投資がどれほど利益に貢献し、キャッシュのプラスを生み出しているのかを検証します。設備の取替え資金はどれだけ必要なのか、新たな融資の計画を立てなければなりません。

運転資金であれば、返済額と利益のバランスが崩れていないかを検証します。利益とキャッシュフローには時間的なズレが生じますが、長期的にはそのズレは収束して両者は限りなく一致に近づきます。返済額が利益の範囲内に収まらなければ危険信号です。1年だけのことなら挽回は可能ですが、数年にわたって「返済額＞利益」の状況が続けば資金繰りは年を追うごとに苦しくなるでしょう。

意識すべき視点についてまとめると下表のとおりです。

	短期的視点	中期的視点	長期的視点
時間感覚	1か月内の目先のお金	1年間のアップダウン	数年単位の大きな資金の動き
キーポイント	支払い時の資金は足りているか？	余裕がある月とない月の準備	設備投資や交換のための資金
資金繰り改善の根底にある考え方	収入と支出がいつあるのか時間差を意識する	手持ち資金と返済のバランスを取る	長期的には利益とＣ／Ｆは限りなく一致に近づく
資金繰り改善の方法	収入と支出のタイミングをコントロールする	融資を活用し1年間のアップダウンを平準化する	結局は、利益改善が資金繰り改善となる
注意点	目先の支払いのために借金してはならない	手持ち資金は一定額を確保する	常に事業・投資計画の利益を意識する

このように、各視点に応じて意識すべきポイントが異なるため、当然ながら資金繰り対策の方法も異なります。各視点別のポイントと対策は、次項からそれぞれ詳細に掘り下げて確認します。

短期的視点からみた資金繰り対策

短期的視点のポイント

　短期的視点では、利益はいったん考慮から外し、資金繰り上の収入金額と支払金額およびその予定に意識を集中すべきです。

　資金が潤沢で、多少のプラス・マイナスで枯渇しないのであれば、短期的視点にあまり意識を割く必要はありません。

　しかしそうでない場合は、たとえばボトムの時点で資金がギリギリになることが常態化しているようだと、対策が必要です。

短期的視点による資金繰り対策

　1か月のなかで資金が多額に必要になる日は、毎月だいたい決まっているはずです。たとえば、支払いが月末に集中するようだと、通常業務の多忙さも重なって非常に負担が大きくなるでしょう。

　意識的に**支払日をズラす**という対策がカギを握ります。大きな支出である給料（人件費）は、毎月25日か月末払いが一般的だと思います。これを翌月10〜15日払いにすれば、買掛金の支払日と約半月の時間差が生じて一度に支出する資金が減り、負担感が薄れます。

　受取手形の割引も有効な資金繰り対策の1つです。もともと、受取手形は売上が生じてから回収までの期間が非常に長くなるため、回収手段としてはあまり嬉しい方法ではありません。しかし業界によっては、取引慣行として手形決済は当たり前でしょう。

　そこで、時間をお金で買うという形になりますが、**割引料を支払って早めに資金化する**のは資金繰り対策に有効です。ただし、手形割引に頼りきってしまうのは危険です。割引手形の不渡りにより経営が傾いた企業は数多くあります。受取手形を割り引く場合にはマイルールを定め、手持ち手形の総額のうち何％までにするとか、決

まった取引先の手形だけを割り引くようにするなどの制限を課するとよいでしょう。

【事例検証】

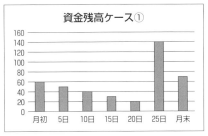

項目	金額	内容	期日
月初残高	60		
月収入額	80	売掛金入金	25日
	120	受取手形入金	月末
月支払額	▲10	ランニングコスト	5日ごと
	▲50	人件費支払い	月末
	▲80	買掛金支払い	月末
月末残高	70		

項目	金額	内容	期日
月初残高	60		
月収入額	130	売掛金入金	25日
	68	受取手形入金（割引）	10日
月支払額	▲10	ランニングコスト	5日ごと
	▲50	人件費支払い	15日
	▲80	買掛金支払い	月末
月末残高	68		

　上の2つのケースはどちらも本来の収入額と支出額は同じですが、ケース②では手形割引により収入額が2減っています。そのため月末残高もケース②のほうが少なくなっていますが、資金繰りとしては優れています。

　ケース①では、すべて本来の期日どおり決済され、キャッシュボトムは20（20日）、トップは140（25日）です。ケース②では、10日に手形を割り引いて資金を確保し、人件費の支払いを15日にして一度に支払う金額を減らした結果、キャッシュボトムは50（5日）、トップは158（25日）となります。ケース②のほうが資金の心配が少なく事業を営めるのではないでしょうか。

　ただし、これらの方法では月の支出総額が減るわけではありませんから、根本的な対策にはなり得ません。

　短期的視点による資金繰り対策でできるのは目先の時間差のコントロールです。特に、目先の支払いのために融資を受けるのは悪手です。融資による時間差のコントロールも資金繰り対策の1つですが、それは中長期的な考えによるべきなのです。

中期的視点からみた資金繰り対策

中期的視点のポイント

　中期的視点では、1年間の事業収入と支出のタイミングを見計らいながら、投資計画を織り込んでいく必要があります。

　利益とキャッシュフローのズレを把握して、何月にキャッシュのトップがくるのか、その際に投資資金は足りるのかを計算しなければなりません。場合によっては、融資を活用して短期的なキャッシュフローの安全性を高めることも視野に入れます。

中期的視点による資金繰り対策

　中期的視点では、短期的視点と違って**投資計画を考えながらの対策**となります。日々の資金繰りで培った資金繰りの感覚を1年規模に広げて応用すればよいのです。

　何か大きな買い物をするときに、手持ちのお金を使い切ってしまっては誰しも不安になるでしょう。事業の資金繰りでは、投資計画が必ず成功するわけではないのですから、より綿密に計画を練ってまとまった資金を投下しなければなりません。

　設備投資をするのであれば、その設備によってどのような収益増加または費用削減の効果があり、どれだけの期間でどれだけの利益を得るのか。投資計画のプランをいくつか想定して、シビアなプランでも破綻しないような資金繰り計画に落とし込みます。

　すべて自己資金で設備投資ができるなら、返済義務はないため資金繰り上、優れていると思うかもしれません。しかし、それによって短期的な資金繰りが苦しくなるようでは投資計画の遂行に悪影響を及ぼします。日常の資金繰りに安全な資金を残しつつ、設備投資による利益獲得に邁進できるよう融資を活用する必要があります。

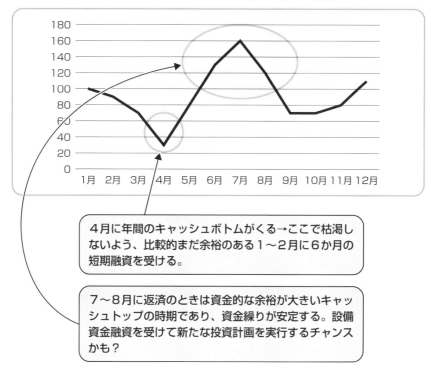

◎中期的視点による資金繰り対策の例◎

4月に年間のキャッシュボトムがくる→ここで枯渇しないよう、比較的まだ余裕のある1〜2月に6か月の短期融資を受ける。

7〜8月に返済のときは資金的な余裕が大きいキャッシュトップの時期であり、資金繰りが安定する。設備資金融資を受けて新たな投資計画を実行するチャンスかも？

　設備投資のために融資を受ける場合には、返済期間は長くても設備の法定耐用年数程度にするほうがよいでしょう。理由は、減価償却費による利益に対するインパクトと返済によるキャッシュフローに対するインパクトを平準化するためです（4−6項で補足します）。

　自己資金や融資を受けることに換えて、**リースの活用**も考えられます。リースは手数料分が割高にはなりますが、融資に比べて導入しやすく、メンテナンス等のオプションによっては購入よりもメリットが大きい場合もあります。

　また、**短期融資を利用**する方法もあります。売上と回収には月ごとに波がありますから、6か月で返済完了となる少額の融資を受けて一時的に資金繰りの厳しい月と余裕のある月をコントロールすると楽になります。

長期的視点からみた資金繰り対策

長期的視点のポイント

　長期的視点では、**過去と将来数年間のキャッシュフローを俯瞰して大まかに資金の流れをつかむ必要があります。**

　いまから何年後に設備の取替えなど大きな資金が動くのか。それまでにどれだけの自己資金を貯め、融資をいくら利用するのか。数字的な目標を掲げて、それを実現しなければなりません。

長期的視点の資金繰り問題

　利益とキャッシュフローのズレは、長期的には収束して一致に近づきます。すなわち、短中期的には損失の出る期間はあっても、長期的には利益を出し続けなければ、キャッシュフローもプラスにならないということです。融資を受けたら、その資金を使って融資額以上の利益を生み出さない限り、事業として成り立たないのです。

　長期的な資金繰り対策で重要なことは、事業の特性を理解して利益の増えるタイミングとそれが資金化されるタイミングを把握し、年単位で利益と資金を蓄積しながら目標数字を達成することです。融資返済額が利益を超えているようだと、資金は利益以上に外部に流出するため、いつまで経っても長期的な資金繰りは改善しません。

長期的視点による資金繰り対策

　長期的視点の資金繰り対策は、結局のところ**利益改善**が第一となります。利益改善には収益を増やすか、費用を減らすかのいずれか（または両方）なのですが、「費用を減らす」（経費削減）を安易に行なってはいけません。往々にしてムダな経費を削減するのでなく、必要経費まで削減してしまうからです。必要経費を削減すると、必

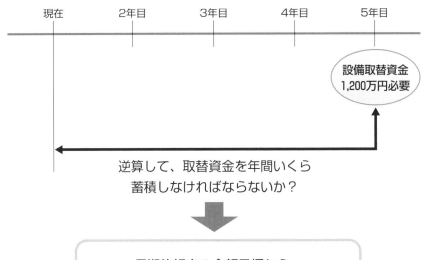

◎数年後の大きな資金の動きを目標にする◎

現在	2年目	3年目	4年目	5年目

設備取替資金
1,200万円必要

逆算して、取替資金を年間いくら
蓄積しなければならないか？

長期的視点の金額目標から、
中期的視点の年単位の目標が定まる

融資No.	返済日	返済額	返済銀行
融資1	5日	3万円	A銀行
融資2	15日	10万円	B信金
融資3	25日	5万円	A銀行
融資4	25日	5万円	C銀行
融資5	25日	7万円	C銀行
合計		30万円	

融資No.	返済日	返済額	返済銀行
融資6	15日	25万円	A銀行
合計		25万円	

月々の返済合計額が減少。
返済銀行も1つになり、口座移
動などに頭を悩ませる必要がな
くなった

※ただし、返済期間は長くなった

ずそれ以上の収益減少を引き起こします。それよりも経費を使って
収益を増やす方法を考えたほうが事業の発展に役立つでしょう。

　その他の対策としては、**融資の返済計画の見直し**があげられます。
複数の融資を一本化して返済額を減らしたり、管理をシンプルにす
る効果があります。金融機関を利用する場合には保証料や手数料が
かかりますが、資金繰りを正常化するメリットは大きいです。

設備資金融資と運転資金融資との違い

設備資金融資と運転資金融資は考え方が異なる

融資は事業に不可欠なものであり、融資額を元手にお金を稼いで利益を得るのが事業であるともいえます。ところが、この融資を念頭に置いた資金管理が上手くいかないと、利益とキャッシュフローのズレが大きくなり、資金繰りが苦しくなるのです。

ただし、一口に融資といっても、「設備資金融資」と「運転資金融資」では考え方が大きく異なります。

【設備資金融資の考え方】

設備資金融資では、返済期間は設備の耐用年数にわたって定額返済であることを想定します。設備の購入代金（フルファイナンスであれば融資総額と同額）は減価償却費として費用に計上されるため、融資返済額はおおむね利益に組み込まれ、利益とキャッシュフローのズレが発生しにくいのです。よりズレを少なくするためにも、融資返済期間を設備の耐用年数程度にするとよいでしょう。

設備資金融資を受ける際には、長期的視点のもと設備投資によって利益を生み出し、**将来の取替え資金を蓄積**しなければならないという考え方で行なうものなのです。

【運転資金融資の考え方】

一方、運転資金融資では、利益のなかから返済額相当のキャッシュをつくり出さなければなりません。月々の返済額が経常利益を超えてしまうようでは、資金繰り計画は破綻します。そのため、**返済額を上回る利益を恒常的に確保**しなければなりません。

運転資金融資を受ける際には、利益の範囲内で返済額を設定し、無理のない資金管理を実現しなければならないという考え方で行ないます。融資返済で利益とキャッシュフローのズレを大きくするの

◎運転資金融資の返済限度額◎

（単位：千円）

売上	100,000
売上原価	60,000
販管費	35,000
税引前利益	5,000

→ 売上1億円

→ 利益500万円

ここから税金を引かれる
（40%）

残る利益（＝キャッシュ）は300万円。
返済額も300万円以下に抑えないと、
資金は減っていっていくばかり

考え方は至ってシンプル。融資および融資返済は長期的視点にもとづいて計画するから、ここでは利益≒キャッシュフローとして考える。税引前利益は税金を計算する前の利益だから、これを差し引いて考えなければならない。少し多めに40%と見積もって、税引き前利益の60%相当額が年間の返済限度額。上図のケースでは年間300万円が返済限度額となり、毎月の返済額は12で割って25万円。実際にはこれより少なく抑えるほど、キャッシュが貯まっていくようになる。

は運転資金融資であるため、管理には細心の注意が必要です。

融資の口数が増えすぎたら

　融資をいくつも受けると、もともとは設備資金なのか運転資金なのか入り混じってわからなくなるかもしれません。

　その場合には、**減価償却費に注目**します。すべての融資返済額が減価償却費を超える部分は、運転資金融資だと見なして資金繰りを考えれば大きく誤ることはないでしょう。

納税資金と資金繰り

事業で発生する主な税金と納税資金の準備

事業を運営していくなかで、税金の納付は往々にして資金繰りを圧迫します。企業が毎年支払う税金には、次のものがあげられます。

- 法人税および地方法人税ならびに法人事業税および法人住民税（以下「法人税等」とする）
- 消費税
- 源泉所得税および個人住民税

これらのうち、法人税等は利益に対して何％という計算で課されます。毎年の利益を融資の返済などで使い果たすと、納税資金が不足します。経常利益の50％をキャッシュとして残すという目標設定が必要で、これが実現できれば納税の際に慌てないですむでしょう。

次に、消費税は期中に売上等に対する部分を受け取り、仕入等に対する部分を支払っており、決算時に差額分を納税することになります。期中に消費税を利益と考えて計算していると、決算で想定外の負担となります。したがって、常に消費税差額分の納税債務を負っていると認識しなければなりません。よりはっきりと可視化させるために、消費税見積額を毎月経理処理したほうがよいでしょう。

最後に、源泉所得税および個人住民税は、給与支払いの際に従業員から天引きした従業員個人が負担する税金です。毎月の経理処理をしていれば貸借対照表に記載されるので、財務諸表を見る際に確認して短期的視点の資金繰り対策に織り込んでいきましょう。

節税は可能？

法人税等は利益に対する税金ですから、利益を減らせば節税になります。ただし、ムダな支出をして利益を減らしても資金繰りを圧

◎納税資金の考え方◎

税金を払いたくない。
節税しないと…

利益100

50の経費支出

利益100 － 経費50 ＝ 最終利益50 ➡ 納税は20

残ったお金は…30

最初から利益100に対する税金40を払っていれば、お金が60残ったはず。
すぐに必要なものを買うならよいが、ムダな出費だったら？？？

迫するだけですから、必要なものを前倒しで購入する程度にとどめておいたほうが無難でしょう。

　消費税も、売上が増えれば税額が増えるものですから、意識的に減らそうとするのは現実的ではありません。設備投資を少し早めたり、陳腐化の心配のない棚卸資産を多めに仕入れるなど事業に必要な範囲での対策がベターです。

　源泉所得税等は個人の給与に対する税金ですから、簡単に増減するものではないでしょう。給与総額の５％以下に収まるはずですから、他の税金に比べると資金繰りに大きな影響はありません。

資金繰りを悪化させる要因とは

資金繰りを悪化させる５つの要因

　資金繰り計画を実行していく段階で、恒常的に悪化することがあります。その要因としては、大きく次の５点があげられます。

①売上が計画どおりに伸びない

　売上は事業計画の根幹をなすものですから、売上が伴わなければ、それにつれて資金繰り計画も思いどおりにはなりません。早めに対策を打って軌道修正をしながら、事業計画ひいては資金繰り計画を正常に戻さなければなりません。

②在庫が過多になっている

　①に関連して、売上が伸びないにもかかわらず商品仕入れを続けていると在庫過多の状態になります。仕入代金の支払いは生じるため、支出が先行して資金不足を引き起こします。売上数量に応じて仕入数量を調節し、在庫を抱え過ぎないよう注意しましょう。

③売上債権の回収が遅れている

　売上があがっても、売上債権が回収できなければキャッシュフローはマイナスのままです。回収遅れが長期化・常態化するといわゆる黒字倒産を引き起こします。短期的視点の資金繰り対策に立ち戻り、手形割引や短期融資を活用して時間を買う対策をとりましょう。

④経費の支出が大きくなっている

　ムダな経費がないか早急に分析し、極力ムダを削減するように努めましょう。ただしその際に、必要な経費まで削ってしまわないよう注意が必要です。ある程度はしかたありませんが、必要部分を大幅に削ると事業そのものに悪影響です。多少のムダな経費を出すこと、多少の必要経費を削ってしまうことを許容しながら、スピード感を損なわない対策をすべきです。

```
        ①
     売上が計画
     どおりに伸
       びない

   ⑤              ②
 運転資金が       在庫が過多
オーバーローンに   になって
 陥っている        いる

     ④          ③
   経費の支出    売上債権の
 が大きくなっ    回収が遅れ
   ている        ている
```

　また、必要な経費が思ったよりもかかってしまう場合には、事業計画そのものの見直しが必要です。利益が確保できない事業ならば早めの撤退も視野に入れましょう。

⑤運転資金がオーバーローンに陥っている

　オーバーローンに陥っている場合には、長期的視点の資金繰り対策が有効です。「利益額＜融資返済額」となっているでしょうから、まずは事業計画を見直して利益を増やすことが重要です。とはいえ、すぐに利益改善の効果を出すのは難しいでしょうから、時間稼ぎとして融資返済計画の見直しを実施しましょう。

資金繰りが突発的に悪化する事例

🏢 資金繰りが突発的に悪化した場合の2つの対策

　通常の営業活動の範囲内で資金繰りが順調だったとしても、突発的に悪化する場合があります。天災や社会情勢の悪化などによる売上の減少、それに伴う資金繰りの悪化は避けようがありません。

　資金繰りが突発的に悪化した場合の即効性の高い対策としては、「役員報酬の減額」と「緊急融資」の2つが一般的です。

【役員報酬の減額】

　たとえば、過去の事例でいえば、リーマンショックにより売上が急激に落ち込んだ中小企業がありました。その企業は、経営陣全員の報酬を一律で70％以上カットして利益を確保しました。その結果、有利な条件で融資を受け、その後の業績回復により、難を乗り越えました。

　経営者は、会社の業績に対して責任を負います。そのため、ふだんは高額の報酬を得ることができるのです。しかし業績が悪化した際には、真っ先に自らの報酬をカットする必要に迫られます。もし決断が遅れて会社全体が傾けば、元も子もなくなります。

　なお一般に、経営者の役員報酬は原則として年度途中では変更できないとされています。法人税法第34条の定期同額給与の定めを根拠とするものですが、原則があれば例外もあります。**社会経済の著しい悪化を原因**とする役員報酬の一律減額となれば、例外的に年度途中の変更を認めざるを得ないでしょう。

　役員報酬の減額は、経営者個人の生活にとって痛みを伴います。個人に余力がなければ減額という対策を取るのは困難です。常日頃から会社と経営者は一連托生だとの意識をもち、会社だけでなく個人の資金繰りも余裕をつくれるような体制にすべきでしょう。

◎役員報酬減額のイメージ◎

このままでは資金繰りにも大ダメージだ！

速やかに業績回復

業績が急激に悪化！

役員報酬の減額を断行！

◎緊急融資のイメージ◎

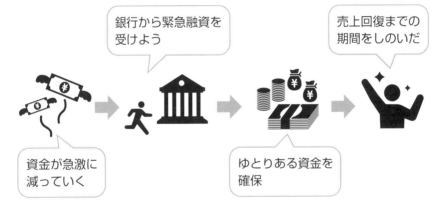

銀行から緊急融資を受けよう

売上回復までの期間をしのいだ

資金が急激に減っていく

ゆとりある資金を確保

【緊急融資】

　経営者の役員報酬減額では資金繰りの悪化をカバーしきれない場合は、緊急融資に頼ることになります。たとえば、記憶に新しい新型コロナ対策融資を受けた会社も多いはずです。融資を受けて資金に余裕をもたせ、財務安全性を高めることは非常に有効です。

　しかし、こういった緊急融資の返済が本格的に始まるまでに、経営を立て直し、売上と利益を回復基調に戻す必要があります。そうしなければ、運転資金融資のオーバーローン状態に陥り、リスケジュール等の金策に追われることになってしまうのです。

資金繰りの悪化は
一般社員にも意識してもらう

経営者が一般社員に周知すること

通常、一般社員の多くが会社の資金繰りを気にしながら仕事をすることはないでしょう。一般社員は、会社の資金繰り状況を把握することはできず、また資金繰りに関する決定権もないからです。それでも、経営者は一般社員に周知しなければならない資金繰り上のポイントがあります。

それは、自分のやっている仕事が、いつ資金化されるのかという点です。この章で一貫して述べているように、利益とキャッシュフローには時間的なズレがあります。一般社員がどれだけ働いても、仕事が資金化されなければ自らの報酬に返ってきません。昔から「金になる仕事」という言葉があるように、漫然と長時間労働をすればよいというものではないのです。

一般社員が意識すべき資金繰りとは

売上は、受注したら資金になるわけではありません。材料を買って製造し、それを販売して利益（＝売上－原価＆費用）になります。さらに、その販売代金を回収してやっと会社の資金となるのです。それでも、返品・返金となったら結局は資金として残りません。

ここまでを踏まえれば、営業職や製造職など各職種でどのような意識をもって仕事に取り組まなければならないか、というのが見えてくるはずです。

よく「一般社員も経営者視点で」といわれますが、これではボンヤリしすぎていて何を言いたいのか伝わりません。それに、いくら一般社員が経営者視点で考えて行動できたとしても、取引先など外部はそのように思わないので無意味です。まず、経営者自身が自社

◎まずは一般社員に周知させることから始める◎

一般社員に周知

お金と時間の意識

職種または
仕事内容別の対策

のビジネスの資金化モデルを理解し、それを一般社員に周知します。一般社員は材料購入から資金化までの時間を意識するため、資金繰りを意識した職種別の対策に落とし込めるようになります。

職種別の資金繰り対策

経営者が一般社員に周知する「いつ資金化されるか」は、時間のズレを意識させる効果があります。早く確実にお金にしたいという気持ちは誰にでもあります。苦労して取った注文は確実に納品し、代金回収を実現したいと思うでしょう。製造途中で製品を仕損じたり、製品に瑕疵があって返品されたりするのは避けたいでしょう。

そうすると、営業職なら実現可能な納品スケジュールを交渉する、製造職なら返品が起こらないようなクオリティの維持向上に努めるなどの職種別対策につながっていくのです。

社内の情報を共有化する

情報共有の方法

　社内の情報共有といっても、何から何まで共有するわけではありません。資金繰りのうえで必要となる情報を、事業に関わる者に効率的に伝達することが重要です。

　ただし、口頭での情報共有は不確実ですから、文字に残る方法にしましょう。メールによる方法をはじめとしてさまざまな社内情報共有ツールがありますが、事業の内容や共有したい情報、人数などに応じてそれぞれに合った情報共有ツールを利用しましょう。

　そして、いったん採用した方法は全員が使いこなすまでに相応の時間を要します。成果がすぐに上がるとは限りませんが、情報共有化を根づかせれば業務の効率化を促進するでしょう。

共有すべき情報とルールを定める

　「共有すべき情報は何か」ということは、責任者が明確に定めるべき事項です。特に、期日やスケジュールは必ず明確に共有しなければなりません。

　前項で一般社員全員が、自分の仕事が「いつ資金化されるか」を意識しなければならないと説明しました。資金化の前段階である事業の遂行中も、スケジュールを守らなければどんどん資金化が遅れてしまうでしょう。

　その他、提供される情報には必要なポイントをリスト化するなど、情報共有のルールを定めることも大切です。社内で統一されたフォーマットをつくり、誰が見ても理解できる情報にしなくてはなりません。

情報共有する社員の範囲

　責任者は、事業のスムーズな遂行のために、情報共有する社員の範囲を定めます。漏洩などのリスクもあるため、すべての情報を誰でも見られる状態にするのはよくないでしょう。

　また、情報共有する社員には情報共有の目的をきちんと伝えます。種々の業務が個人の能力に依存してしまうことを避け、情報共有する社員全員が理解し、代わりがきく体制をつくります。そうすることで業務が停滞するリスクを減らし、組織のスキルが高まって効率化を図ることができます。

同一プロジェクト内の全員に伝達を

　責任者は、その事業（プロジェクト）に関わる全社員に向けて、次のような大まかな指針を伝達します。

---

　①予算
　②期日＆スケジュール
　③業務担当
　④その他

　そして、各社員が共有した作業内容や情報は、責任者にフィードバックし、責任者を中心に情報共有化を図る必要があります。

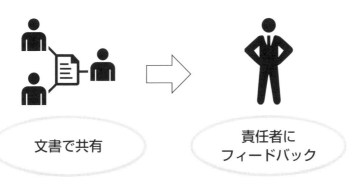

文書で共有　　　　　　　　責任者に
　　　　　　　　　　　　フィードバック

税理士業の資金計画の運用事例

税理士業の特性と資金計画

資金計画の運用事例として、サービス業の一種である税理士業の事例を紹介しましょう。税理士業には次のような特性があります。

- 毎月の顧問料収入で安定しているが、取引先個々は小口
- 原価（変動費）は少なく、人件費（固定費）の割合が多い
- 売上債権の回収期間は短いが、たまに滞留債権が生じる
- 季節性が大きく、確定申告時期の3〜4月に収入が大きくなる
- 夏から収入が減り始め、秋ごろにキャッシュのボトムがくる
- 5年に一度、会計税務システムの更新があり投資判断に迫られる

まず、長期的視点でみると、5年に一度のシステム更新が大きな出費であり、年売上高に対して20％ほどの投資金額になります。自己資金ですべて賄うのであれば、年単位で最低4％の税引後利益を維持しなければなりません。

中期的視点では、収入が大きくなる3〜4月に得た資金を貯めて、収入が減る夏〜秋をしのぎます。月額顧問料収入よりも人件費その他の経費支出のほうが多いので、収入が多い時期の貯金を切り崩すイメージで資金繰りを行ないました。11月には、支払いの際の資金が足りるかどうかぐらいのボトムが予想されるので、10月末頃に6か月の短期融資を実行し、資金に余裕がある翌年4月に一括返済するプランで短期的な資金を確保しました。

5年後のソフト更新の時期には、ちょうど投資金額と同程度の資金を蓄積しました。しかし、これをすべて投資に充てると資金繰りが困難になると判断。そこで、設備資金融資を実行し、システム更新の資金を調達しました。次の5年間に向けてかなり余裕のある資金繰り計画を立てることができ、人員増加や事業拡大をめざせます。

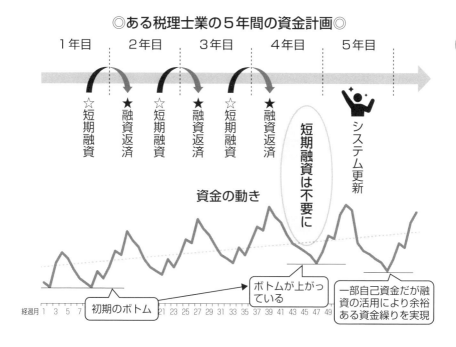

◎ある税理士業の５年間の資金計画◎

設備資金融資の返済はシステムの更新期間と同じ５年としました。一部を自己資金で賄ったため、融資返済額は減価償却費よりも少なくなります。次の５年の資金繰りはより楽になるでしょう。

具体例	更新時	１年目	２年目	３年目	４年目	５年目
システム更新代金	▲500					
（減価償却費）		100	100	100	100	100
予想税引後利益		100	100	100	100	100
自己資金	100					
設備資金融資	400	▲80	▲80	▲80	▲80	▲80
キャッシュフロー		120	120	120	120	120
資金蓄積累計		120	240	360	480	600

上表が具体的な資金計画です。毎年の税引後利益100よりも多額の120を蓄積することができます。５年目に全額自己資金で更新したとしても、累計で600の資金蓄積があるため、100余って次の事業に活かすことができます。

税務調査の攻防

....

　税理士業を営んでいると、顧客先の税務調査がしばしばあります。顧問税理士として調査に立ち会うのですが、最近は以前と傾向が変わってきました。

　昔は税務署側の現場裁量がけっこうあって、調査官と交渉してナアナアですませることも案外可能でした。ところが最近は、調査官が現場で見つけた留意事項は税務署内で稟議に諮られるようで、現場の決定権が少なくなったと思われるのです。

　とはいえ、税務調査もビジネスととらえて、駆け引きが必要です。税務署をムキにさせるのは絶対に避けたいところで、ほどほどに勝つのが重要です。

　税金関連のニュースで「解釈の違い」という言葉をよく聞きます。これは、世の中のすべての具体例を法律に書ききれないので、法律条文の解釈で争うしかない場合に出てくる言葉です。特に、飲食費などは役員の個人的な遊びとの境界線が曖昧で、税務調査の際に指摘を受けるポイントです。

　かなり昔のことですが、ある社長が決算間近に毎晩のように銀座の高級クラブに出かけて、1回に使っている金額も数十万円。調査官は「利益が出そうだからと、節税を口実に遊んだのだろう」と考え、実際にその店に通って確認し、社長が1人で来ていると追及してきました。接待ではなく、個人的な遊びだろう、というわけです。

　そのときの社長の言い訳が面白くて、記憶に残っています。

　「こんな高級クラブでは馴染みになっておかないと、接待に使えませんよ。店の子も、誰がどの人に合いそうなのか性格とかつかんでおかなきゃいけないんで、しかたなく通ってたんです。決算間際にって言われましたが、お金がないときには行けないでしょう？」

　この言い訳が功を奏したのか、追徴税なしで乗り切ったのです。

5章

資金繰りの定常的なチェックと対策の検討のしかた

執筆 ◎ 二和田 裕章

「資金繰り業務」の基礎

大きな資金計画（目標）の設定

「**資金繰り業務**」とは、事業に必要な資金の管理業務です。お金の動きを数年単位かつ大まかな金額で考える「長期的視点」、1年規模で考える「中期的視点」、月単位で考える「短期的視点」の3つの視点を意識して、資金不足に陥らないように管理します。

資金の管理といっても、具体的に何から始めればよいのか迷うかもしれません。第一に考えるべきは、長期的視点です。自社の事業を数字で理解しなければなりません。

事業運営に必要な資金はいくらなのか、その金額は何年単位で必要なのかという点を第一に定めます。そうすれば、自ずと1年間で蓄積しなければならない資金額の目標がわかります。1年間の数字目標ができれば、ようやく日々の管理に移ることになります。

資金繰り表（日別管理）の作成と運用

日々の管理で役に立つのが、「**資金繰り表**」というツールです。いろいろな資金繰り表があふれていますが、どれが自社に合っているかは実際に運用してみないとわかりません。そして、運用していくなかで自社用にカスタマイズする必要に迫られるでしょう。

最初は手探りでよいのです。試行錯誤を繰り返しながら自社にとって適切なツールに仕上げていきます。ただし、資金のトップとボトムを把握することを強く意識してください（4－3項参照）。

日々の資金繰り業務では、**ボトムの資金が少なくなり過ぎないこと**が重要です。いつ起こるとも知れない不測の事態が、資金ギリギリのときにやってきたら経営は破綻してしまいます。多額な支払いのある日をずらしたり、入金日の後に支払日が来たりするようにコ

◎大きな資金計画の設定で年別の目標がわかる◎

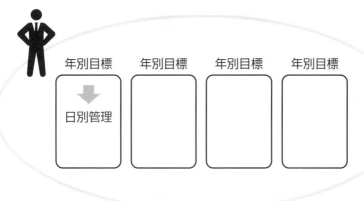

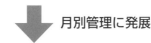
月別管理に発展

	1月	2月	3月	4月	・	・	・
収入1							
収入2							
支出1							
支出2							
月末残高							

ントロールして、ボトムの資金を維持します。

資金繰り表（月別管理）の作成と運用

　事業が軌道に乗り、安定した利益が生み出せるようになると、だんだんと日々の資金繰りも安定してきます。1か月のなかで資金不足に悩まされることなく、事業運営ができるようになるでしょう。

　この状況までくると、資金繰り業務の主たる部分は、1年でどれだけの資金を蓄積し、さらなる余剰をつくり出していけるかというところにシフトします。日別の管理に頭を悩まされず、1年間の数字目標を達成するための月別管理を実行します。

資金繰り表と財務諸表の関係

🏢 財務諸表は資金繰り表の将来予測に役立つ

　資金繰り表は、日々の資金の動きをタイムリーに記録し、近い将来の資金予定を逐一修正しながら管理運用していくものです。これに対して、財務諸表（貸借対照表、損益計算書）は１か月や１年の事業成績の結果を明確にするものです。資金繰り表は現在進行形で、財務諸表は過去形であると言い換えることもできます。

　過去の結果である財務諸表には、資金繰り表における将来予測の部分に非常に役に立つ情報が満載です。貸借対照表の売掛金を見れば、今月の入金予定がいくらなのかわかるでしょう。損益計算書の売上総利益率を見れば、どれだけ売り上げればどれだけのお金が稼げるかわかるでしょう。

　財務諸表を将来予測に役立てれば、資金繰り表の信ぴょう性が高められます。より正確な予測をもとに資金繰り表を作成すれば、資金不足の危険も少なく、会社運営ができるようになるのです。

🏢 貸借対照表からわかること

貸借対照表

資産の部		負債の部	
現金及び預金	○○○	買掛金	△△△
売掛金	○○○	支払手形	△△△
受取手形	○○○	・	
・		・	
・		・	
・		純資産の部	
資産の部合計		負債及び純資産の部合計	

入金予定を
確認できます

今月の支払いは
いくらだろう

　貸借対照表からは前月末の「現金及び預金」残高と債権債務の残高が読み取れます。売掛金と買掛金は通常１〜２か月で資金化され

るため、進行月の資金繰り表にすぐに反映されます。直近の入金予定と出金予定を反映させるとともに、翌月に繰り越す残高を確認して予測の精度を上げましょう。

受取手形と支払手形は、決済期日が数か月後に及ぶので、今月決済される金額はいくらなのか、翌月以降はいくらなのかを貸借対照表以外の補助帳簿により確認する必要があります。

受取手形記入帳や支払手形記入帳といった書類が一般的ですが、会計ソフトに直接決済期日を入力する方法もあります。管理書類が増えすぎても事務作業が煩雑になるので、自社に合った管理方法を実践しましょう。

🏢 損益計算書からわかること

損益計算書

売上高	100
売上原価	55
売上総利益	45
・	
・	
・	
営業利益	○○
・	

売上の45%が
売上総利益ですね

損益計算書からは会社の売上高と売上原価、利益が読み取れます。事業の利益が出ていれば、回収が滞らない限り資金もプラスになっていくはずです。

売上総利益は「粗利益」ともいわれ、売上総利益率から売上の何%が手元に残るかがわかります。

売上原価は、商品仕入や材料仕入がその内容です。売上に比例して変動するので「変動費」とされ、売上を増やした分がすべて利益となって資金が増えるわけではないことを意識して資金繰りに活かしましょう。

資金繰り表の運用のしかた①

資金繰り表の作成および運用の基本

　資金繰り表は、日々どのようにつくっていけばよいのでしょうか。難しく考える必要はありません。まず、直近の記録として入金額と出金額と資金残高を入力します。初めは入金項目や出金項目を細かく分ける必要はありません。今月いつ入金があって、いつ出金するのか、いままでも頭のなかで考えながら事業を経営していたはずです。それを表に予定として入力すればよいのです。

　３章で紹介した資金繰り表は、最終的な発展形としての一例であり、どういう項目・細目を設定していくかは会社によって異なるでしょう。とにかく最初は「とっつきやすさ」が重要です。下図のサンプルをご覧いただけばわかるように至ってシンプルです。

【日別資金繰り表】

	前月繰越	5日	10日	15日	20日	25日	30日
残高	500	485	330	550	530	300	610
入金予定				250			300
入金額				236			335
出金予定			150			200	100
出金額			142			210	108

　「日別」といっておきながら、５日おきになっています。この期間は事業の必要に応じて変更すればよいでしょう。アミ掛け箇所は**実績金額**（実際の数値）で、白い箇所は**予定金額**です。細かい経費は日々支出するので、残高は減っていきます。ただし、ここで少額のものをどの細目に分けるか悩むのはやめましょう。まずは大きな入金と出金だけで作成し、慣れてきたら細目を増やしていけばよいのです。

こうして入出金を把握していけば、いつ・いくら必要になるのかが可視化されて、実際の資金繰りがわかりやすくなります。予定と実績のズレも確認しながら、大きくズレが生じるようなら対策を講じることもできます。

予定と実績のズレを分析する

資金繰り表を運用していくうえで特に重要なのは、予定と実績のズレを分析することです。資金繰り表を作成しない会社だと、そのズレは把握し難いので、大きなアドバンテージとなります。

実際に原因を分析すると、次のようなことがわかるでしょう。

①売上の見通しが甘かった
②経費の見通しが甘かった
③代金回収が滞っている
④不要な経費を支出してしまっている
⑤突発的に多額の出費があった

上記のなかで、①と②が主な原因であるならば、資金繰り以前にそもそも利益計画に無理があるので、計画の見直しから始めなければなりません。

③が原因であれば、回収を急がなければなりませんが、あまり時間と労力をかけ過ぎるのも事業に悪影響が生じるので、通常の営業活動と並行して対策する必要があります。

④に気づいたなら、まさしく資金繰り表の効果です。財務諸表でチェックしようとすると、1〜2か月は遅れるところを、資金繰り表なら同じ月内で対策できるのですから、早い修正が可能になります。

災害による修繕などの⑤が原因となる場合は、対策は難しいところです。損害保険などがおりるとしても、時間を要するので、それまでは経営者の持ち出しで対応を迫られることもあるかもしれません。

資金繰り表の運用のしかた②

中期的な資金繰り予定に発展させる

日々の資金繰り表の作成に慣れてきたら、もう少し長い期間での資金繰りを考えましょう。過去の事実の積み上げから1年後〜2年後の未来を予想し、それをまた資金繰り表の予定に組み込んでいきます。

短期的視点である目先の資金繰りから、中期的視点による資金蓄積に発想を進展させます。短期資金繰りと中期資金繰りは一方通行ではなく、1年後にどれだけの資金蓄積を実現できそうなのか、というところから立ち戻って目先の対策を考えるのです。

これまで積み上げた実績から、未来も予想しやすくなっていると思います。通常事業に使用する資金と、設備投資や人員の採用など大きく必要になる資金を別立てで用意する思考をもたなければなりません。

月次資金繰り表の運用と活用

設備投資や増員を考えるということは、おそらく資金のボトムが上がって月の支払いに頭を悩ませる頻度が減ってきたはずです。日別資金繰り表の必要性は薄くなり、月次資金繰り表をもとに資金繰りを考える時期です。

日別資金繰り表を作成・運用してきたノウハウがあるので、月次資金繰り表の作成自体は難しくないでしょう。1年を通して実績を記入していくと、何月に資金のトップやボトムがくるのか自然と把握できます。そこで、資金繰りの側面からいつ設備投資等に踏み切るのか計画します。自己資金はどれだけ出せるのかを想定して、不足部分の融資を受けるために金融機関に前もって話をしておきます。

◎資金繰りの予定はより長い期間で考える◎

人員増により
業務拡大？

投資計画は
どうしよう？

取り扱うお金も高額になる

　予定と実績がズレた場合も日別資金繰りの際と同様で、早く気づけるほど対処もしやすいでしょう。ボトムの月に資金が少なくなり過ぎる場合には、運転資金の短期融資を利用することも有効です。運転資金を長期で借りる場合には、４章で述べたように利益とのバランスを重視しなければなりません。長期的にオーバーローンにならないよう、財務諸表も確認しながら資金繰りを行なっていきます。

納税資金を準備する

　会社の決算期が近づいたら、納税資金の準備を本格的に考えます。
　年間実績が固まってくれば、納税額の目安もわかってくるはずです。資金繰り表の数か月先の予定に、税金の支払いを入れておかなければなりません。

資金繰り表と納税資金の確保

納税資金の目安は？

　会社の資金繰りを運営していくうえで、経営者の頭を悩ませるのが**納税資金の捻出**です。４章では、利益に対して50％を目標に納税資金を残すようにと述べました。法人税等の実効税率は約35％（法人の規模や地域によって差異があるため、概算税率です）であるため、50％はかなり保守的な目標といえます。

　しかし、予定外に代金回収が遅れたり、突然の支出があったりするのが会社経営です。目標は高めに設定しておいたほうがよいでしょう。通常の資金繰りの範囲で貯蓄しておくのが難しければ、**納税準備預金**（納税の際にのみ引き出せる預金）の活用も視野に入れましょう。

納税予定を資金繰り表に反映させる

　ここまで、資金繰り表の作成・運用にあたって、項目・細目については会社の必要に応じて適宜増やせばよいとしてきました。しかし、納税資金に関しては必ず資金繰り表の予定に項目を設けてください。

　決算期の２か月後（決算および申告納税が必要）の法人税等は、利益によって金額が変わってきますので、財務諸表を確認して税額の概算をしておきましょう。

　消費税は、法人税等と同時期に納めますが、計算方法が法人税等とは異なります。課税売上に含まれる消費税額から課税仕入に含まれる消費税額を差し引いて計算するので、毎月の財務諸表から納税額を見積もっておきましょう。

◎中間納税は前年実績か仮決算にもとづいて行なう◎

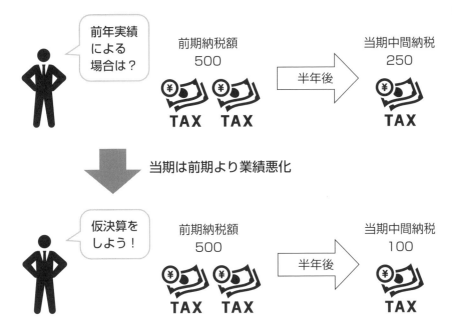

🏢 中間納税も忘れずに

　決算後の納税のほかに「**中間納税**」という税金があります。これは、前年度の決算納税額の半分を事業年度開始の日から8か月後に支払うものです。時期が決まっていますので、資金繰り表に反映させておきましょう。

　前期の納税額が大きく、当期が業績不振の場合には、**仮決算**という方法により、当期の上半期の税額を計算して申告納税することもできます。資金繰りが難しい場合には、この仮決算による方法も想定しておきましょう。

　ただし、消費税の中間納税は、前年度の納税額によって1回払い、3回払い（3か月ごとに納税）、11回払い（毎月納税）と、中間納税する回数が異なりますので注意が必要です。

資金繰り表の修正のしかた

経営を続けていれば、資金繰りが計画より苦しいことも、計画以上に楽になることもあります。そのような場合には、資金繰り表を修正しながら資金計画の見直しを行なっていくとよいでしょう。

資金繰りの実績が計画を下回っている場合の修正

資金繰り表の修正といっても、ただ数字をいじればいいわけではありません。5－3、5－4項で、計画と実績のズレの原因を突き止め、迅速にその対策を立てるべきと述べました。

その対策を行なった結果、どのように損益計算書が変化し、それを資金繰り表に落とし込んだら、資金繰りの予定がどうなるかを想定して資金繰り表を修正します。修正する場合は次の3つの方法が考えられます。

①緊急性の少ない支出の先延ばし
②投資計画の変更・修正
③短期融資の実行

資金繰りの実績が計画を上回っている場合の修正

実績が計画を上回った場合にも、ぬか喜びせずに原因の分析が必要です。

単に将来の売上が先に入金された場合や、支払予定が遅れているだけであれば、資金繰りの内容は大きく変わっていないでしょう。このような場合には、資金繰り表の修正は行なうべきではなく、入金タイミングが継続的に変わるのかどうかなど、しばらく様子を見たほうがよいでしょう。

原因を分析した結果、もし売上のアップなど利益の向上によって

◎資金繰りの計画と実績にズレが生じた場合は？◎

【資金繰り】

計画	実績	差額
1,000	600	-400
2,000	2,500	500

計画より実績が
下回っても、上回っても

原因を突き止めて
適切な対応を

慌ててはいけない

【決算賞与を期末までに支給できない場合】

原則……事業年度末日までに支給済みのものが経費になる

例外……事業年度末日までに支給できない場合、下記要件を満たせば経費になる

要件①	その支給額を、各人別に、かつ、同時期に支給を受けるすべての使用人に対して通知をしていること
要件②	上記①の通知をした金額を、通知したすべての使用人に対し、その通知をした日の属する事業年度終了の日の翌日から1か月以内に支払っていること
要件③	その支給額につき、上記①の通知をした日の属する事業年度において損金経理をしていること

計画を上回っているのであれば、資金繰り表を修正します。中期的な資金蓄積の目標が早期に達成できそうかどうかを検討して、修正案を考えます。修正する場合は次の3つの方法が考えられます。

①投資計画の前倒し

②決算賞与の支出（従業員のモチベーションアップと節税対策）

③単に資金を蓄積し、将来的な投資計画のグレードアップを検討

月次決算書を使った
財務分析のしかた

🏢 なぜ月次決算書を作成するとよいのか

「**月次決算**」とは、事業年度末に行なわれる年次決算とは別に、会社の毎月の財政状態と経営成績を明らかにするために行なわれる月単位の決算のことです。

月次決算書は、会社法や法人税法といった法令の要請にもとづいて作成するものではありませんが、月々の集計をタイムリーに行なうことにより、正確な年次決算の基礎になるものといえます。

また、月次決算書により早期に現時点の経営状態を把握して、迅速な対応を取ることもできます。

🏢 月次決算書を使って財務分析を行なおう

「**財務分析**」とは、会社の現状を把握し、それにもとづいて経営に関する意思決定をするために、財務諸表を分析することをいいます。四半期決算や年次決算による財務分析は一般によく行なわれていますが、月次決算書を使えば財務分析を毎月行なうことが可能です。

月次決算では、基本的な財務諸表である「貸借対照表」「損益計算書」「キャッシュフロー計算書」のほか、「前年対比損益計算書」や「予実対比損益計算書」を作成して比較分析を行ないます。

"比較する"という分析方法は非常に重要です。前年対比で売上高がどう増減したのか、あるいは大きく増減した費用項目はあるのか、それらの原因は何か等々、比較対象があればより有効な財務分析を行なうことができます。予算と実績の差異をチェックする予実対比も、月別に会社の活動を洗い直すことで何が実現できていないのか問題を明らかにすることができます。

◎月次決算をもとに財務分析を行なう◎

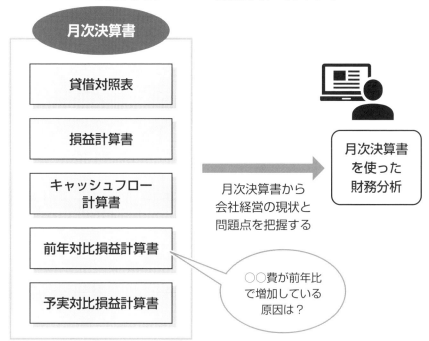

月次決算書

- 貸借対照表
- 損益計算書
- キャッシュフロー 計算書
- 前年対比損益計算書
- 予実対比損益計算書

月次決算書から 会社経営の現状と 問題点を把握する

月次決算書 を使った 財務分析

○○費が前年比 で増加している 原因は？

勘定科目	当期実績	前期実績	前年比
・			
○○費	5,000	3,000	2,000
△△費	10,000	14,000	-4,000
・			
・			

増減の原因を 調べて確認す る

個別具体的 な対策へ

財務分析を経営に活かそう

　財務分析を行ない、会社経営の現状を把握して問題点を明らかに したら、経営に活かさなければ意味がありません。

　月次決算業務により洗い出された問題に必ず対処して、その後の 経営の検討材料にしましょう。

月次定例会を開催するときの
内容と注意点

なぜ月次定例会が必要なのか

あなたの会社では、「月次定例会」を開催しているでしょうか。月次定例会は、経営陣や各部門の管理責任者の意思疎通と現状認識のために必要不可欠です。

月次定例会に用意すべき資料は「月次決算書」と「資金計画表」のほか、「資金繰り表」も添付して、月別のキャッシュの動きを確認するとよいでしょう。

5－7項で、月次決算書を作成する意義と財務分析の有効性について説明しました。この財務分析の結果を月次定例会で発表し、経営陣が現状と問題を共有することが、今後の資金繰り対策の第一歩となるでしょう。

月次定例会の内容

月次定例会では、次のような内容を議題としてあげることが想定されます。

①月次決算書の報告
②財務分析の結果報告
③資金繰り表の報告
④決算シミュレーション
⑤納税シミュレーション
⑥各部門の管理責任者からの部門別報告
⑦税務や補助金などに関する最近のトピックス
⑧今後の対策についての打ち合わせ

月次定例会では、会社全体に関する報告とともに、各部門の意見や問題を吸い上げることも重要となります。月次定例会で経営陣が

◎月次定例会のイメージ◎

月次決算書や財務分析
の結果を報告する

経営陣と
各部門の管理責任者が
情報を共有し、現状を
把握する

把握した内容から、各部門別の対策にブレイクダウンして、現場と中央の意思疎通を図ることにより、クオリティの高い経営が実現できます。

月次定例会後に経営陣が取り組むべきこと

経営陣は、月次定例会で各部門の管理責任者に財務分析等を周知した後、各部門から報告があがった問題点の対応策を考えなければなりません。

遅くとも翌月の月次定例会までには、迅速に取り組みましょう。経済は生き物というように、会社の経営状態や社会情勢も常に変化し続けるものです。

月次定例会のような現状を把握するための会議を開催して有効に活用すれば、営業面でも資金繰り面でも、そのときの問題に適切に対応することができます。

年次報告会の進め方と内容

年次報告会は経営計画書にもとづいて行なう

　中小企業でも経営計画の共有化を目的として、年度末にステークホルダー（株主や投資家・金融機関など）に対して「**年次報告会**」（社員総会）を開き、年度の業績や重要な経営判断マターを示すことが一般的に行なわれています。

　その際に近年では、**経営計画書**として経営戦略や財務状況、将来のビジョンなどが書かれた総合的な報告書（年次報告またはアニュアルレポート）を出すケースも増えています。

　この報告書には、枝葉末節な出来事を詳しく記載する必要はありません。30分から最大1時間程度で発表できるようにまとめます。経営計画書は、社員や関係者が一丸となってよい会社にしようという意図の現われです。ステークホルダーとのコミュニケーションには重要な武器となります。

　なかでも**資金計画**は大事なコンテンツです。社長自ら社員に資金計画を説明することによって、企業に対する信頼感も高まります。金融機関の関係者にも融資などに対して好影響を与えるでしょう。

【経営計画書に記載すべき内容】（2章も参照）

①経営理念、ビジョン、会社の行動指針など、経営のもととなる考え方
②経営目標・事業目標（数字で示す経営目標、経営戦略）
③企業経営環境（過去の振返りから未来の見通しまで）
④事業ごとの目標と戦略、取り組み方（人・モノ・金の経営資源の配分。資金計画はこのなかの重要項目の1つ）
⑤目標達成のためのスケジュール、予算、組織体制

⑥会社の主要課題とその対応策
⑦社員への感謝と期待感

🏢 社員総会の効果と発表する資金計画の内容

　年に一度・半期に一度など会社によって頻度は違いますが、「社員全員が参加する会議」、それが**社員総会**です。社員総会の形式を使って経営成績を発表することは、いろいろな意味をもちます。

　1つのコミュニケーションの場として提供し、日常では親交を深めることのなかった社員などが集まる機会として、社内の活性化につなげます。活性化といっても、単に友だちをつくるわけではありません。会社の発展のための共通言語をもつということです。

　難しい経営用語や、経営計画を共有することで価値観も共有できます。同じ言葉が通用するから職場の雰囲気がよくなり、いま以上に働きやすい環境を社員に提供できるようになります。

　ちなみに、社員総会で発表する資金計画の内容の一例を示すと次のとおりです。

● 年度業績と詳細な実績（功労者の紹介も）
● 資金繰りに対する社長のビジョン目標（保有キャッシュの目標）
● キャッシュの保有目標の達成手段（利益・借入金の目標額とその実現方法）
● 目標達成のための課題、実現のための組織づくりと役割分担

　経営計画を発表する際に重要な点は、経営に重要な施策を従業員にアピールすることです。会社がどうなるのか、会社をどうしていこうとしているのかは、当然のことながら従業員には最大の関心事です。

　また、大変に重要な情報公開をするということは、経営の透明化につながります。従業員満足度を高める工夫をみることで、金融機関も助言しやすくなります。外部の監視を受けることは、経営にも社員にもいい意味での緊張感を与えます。

年次報告会の概要

 進行手順、想定問答集などの準備が欠かせない

　年次報告会（社員総会）は「全社員が集まり会社のビジョンや今後の方針を共有する場」ですから、過去の結果に時間をとるよりも、課題や問題をどのように解決していくかを説明して社員へのメッセージを送るとともに、社員自らが具体的に行動できるような内容となることをめざします。

【年次報告会の手順とステップ】

　　＜準備＞作戦会議（報告内容、時期、場所、役割分担、招待者　　　　　　　　　　など）

　　＜当日＞報告会

　　　　　　●開会宣言とあいさつ

　　　　　　●社長あいさつ

　　　　　　●本年度の業績発表

　　　　　　●新年度の経営戦略（財務戦略を含む）

　　　　　　　　→経営戦略にもとづく資金計画の発表

　　　　　　●全体の質疑応答

　　　　　　●来賓による講評

　　　　　　●閉会宣言

　　　　最終報告書の配布

　質疑応答は、経営公開には重要ですが、株主総会のように「想定問答集」の準備は必要です。資金繰りについて想定される質問については、本書に記述してきた内容以上のものが出ることは考えられません。

とはいえ、直接の関係者からの質問ですから、企業にとってよかれという観点から質問してきます。回答にあたっては本書を大いに活用していただきたいのですが、まず経営側から伝えておきたいポイントは緻密に絞り込んでおかなければなりません。そのポイントは以下の３つです。

①企業の問題点とその解決方法

②投資対効果の確実性

③コンティンジェンシープラン関連（リスク管理）

つまりは、過去と未来と不確実性に対する備えからみた３点というわけです。それを踏まえて総会で共有するべき内容については、131ページの太字部分を参照してください。

【円滑なコミュニケーションに向けて】

総会での説明とそれを受けての質疑応答により、社内外が一丸となる体制をつくることはできますが、中小企業では「経営革新計画」の承認をとっておくことが資金計画に好影響を与えます。

経営革新計画は、中小企業等経営強化法にもとづいて施行されている国の制度ですが、規約に従って作成された経営計画書を各都道府県に提出して認められると、低利融資制度などのメリットを受けられる制度です。経営革新をして新たな事業にチャレンジする企業の後押しをしてもらえます。

直接的なメリットもありますが、自社の行動計画を公的機関が認定するため客観性があり、従業員にも金融機関にも好印象を与える効果があります。

【コンティンジェンシー（不測の事態）プランとは】

資金計画を立てるときには、不測の事態に対してどの程度備えてあるかは重要な関心事項です。入金や出金の計画を緻密に立てることは日々の経営にはとても重要ですが、１年間の総括としてはＢＣＰ（事業継続力強化計画）の観点からも、どの程度の資金的強化を図れたかを振り返っておきたいところです。この点はこういう機会に議論をしておくのが適切です。

キャッシュフロー計算書の重要性

財務３表のうち「キャッシュフロー計算書」（以下、「ＣＦ計算書」）は、貸借対照表や損益計算書と違って単独で作成されることはありません。貸借対照表と損益計算書は、経理部の業務として会計処理の結果を計算表として集計したものです。しかしＣＦ計算書は、会計処理から直接集計されるのではなく、貸借対照表と損益計算書から必要な数値を抽出して作成されます。

資格試験等でＣＦ計算書を作成する設問は数多くありますが、たいがいは２期分の貸借対照表と損益計算書の数字を拾って解答します。つまり、貸借対照表と損益計算書をよく理解していなければ、ＣＦ計算書を真に理解するのは難しいのです。

キャッシュフロー全体がプラスでなければならないとか、営業キャッシュフローがプラスだからよいといった単純な話ではなく、貸借対照表と損益計算書との関係性を理解・把握して分析につなげないと、せっかく作成したＣＦ計算書を活かしきれません。

とはいえ、ＣＦ計算書は会社の財政状態を理解するために大きな助けとなります。営業活動、投資活動、財務活動の３つに区分されているため、一目瞭然で資金の動きの原因がわかるからです。

「資金の流れを示す書類」と紹介されることが多いですが、もちろん資金が増えたか減ったかだけを知ってもあまり意味はなく、その後ろにある原因をつかまなければ経営に活かすことはできません。

そこからさらにもう一歩踏み込んで、各区分別の増減はどういう経済活動により生じたのかが分析できれば、より深く財務諸表を理解し、会社経営と資金繰りの健全化を図ることができます。

財務３表などの計算書類に表示されるさまざまな数字は初めからあるのではなく、何か経済活動をした結果としての数字です。経済活動とＣＦ計算書をリンクさせて、苦労して作成した書類を活用することに意義があるわけです。

6章

資金繰りのためにも
金融機関を味方につけよう

執筆 ◎ 石神 荘理

資金繰りにおける
金融機関の重要性

なぜ金融機関からの融資が重要なのか

　中小企業にとって、資金繰りにおける資金調達という点で一番重要なのが金融機関からの融資といえます。いわゆる借入金です。では、なぜ、一番重要かというと、その理由は次の2点になります。

①投資や事業の立上げを行なうための確実な資金確保ができる

②十分な資金をもつことで会社の安全性を高められる

　本書でも、資金計画のなかで内部留保を中心とした資金創出と金融機関からの融資（借入金）は重要な2つの軸となります。

融資を受けることのメリットとデメリット（？）

　融資を受けることで、以下のようなビジネスメリットがあるといわれています。

①必要なタイミングで投資ができ、会社経営のスピードが速まる

②すぐに回収する必要がなくなり、掛売りなどを使って売上高の規模を大きくできる

③現預金が増えることで、安全でゆとりのある経営ができる

　一方で、借入金は「悪」だと考えて、融資を受けたがらない経営者の方がいますが、実は、融資のデメリットといわれる以下の3点は企業のメリットにもなり得ます（裏メリット）。

❶支払利息がかかる

　銀行が会社の財務状況を定期的にチェックしてくれると考えて、利息はその費用として認識すれば、ムダな支出にはなりません。

❷経営者の頭が返済をすることでいっぱいになる

　経営者に対して、借入金の返済という資金制約が加わることで、経営者の放漫経営を抑えられます。

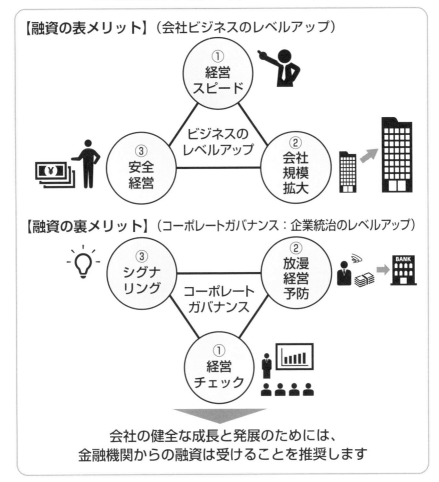

◎金融機関から融資を受けることの特徴◎

【融資の表メリット】（会社ビジネスのレベルアップ）

① 経営スピード

ビジネスのレベルアップ

③ 安全経営

② 会社規模拡大

【融資の裏メリット】（コーポレートガバナンス：企業統治のレベルアップ）

③ シグナリング

コーポレートガバナンス

② 放漫経営予防

① 経営チェック

会社の健全な成長と発展のためには、
金融機関からの融資は受けることを推奨します

❸財務内容（体質）の悪化

　適度な金額の借入金は、銀行が確実に融資をしてくれる、しっかりした会社であるというシグナル（シグナリング効果）になります。

　❶～❸の3点は、高いレベルの会社で求められるコーポレートガバナンス（企業統治）の一部となります。融資を受けることで企業統治のレベルアップができ、一挙両得となります。

6-2

融資を受けるための「融資プロセス」とは

🏢 金融機関からの融資を得るための融資プロセス

　新たな投資資金が必要だからと銀行の窓口に行って、すぐにお金が借りられるわけではありません。適切な「融資プロセス」を経て、初めて借りられます。

　本章を読んでいただければ、銀行をはじめとした金融機関との付き合い方から、銀行が何を考えているのか、融資に必要な資料などが一通りわかりますので、心配はありません。

　そもそも融資とは、資金が必要な人に資金を融通することをいいます。金融機関が資金を融通するためには、「①相談」「②申込」「③融資審査」「④融資実行＆返済」の４つのプロセスを経る必要があります。

　この４つのプロセスの内容を知り、準備をしっかりすることで、迅速かつ確実に融資を継続的に受けることができます。

◎迅速かつ確実に融資を実行してもらうためにやっておくべきこと◎

相　談	資金使途を明確にし、金融機関に日常的に相談できる関係をつくる。
申　込	融資のために、金融機関向けに必要な資料の準備および作成をする。
融資審査	金融機関内での融資をしてもらうための必要なポイントを知っておく。
融資実行＆返済	融資実行後も資金使途に沿った形で使用し、さらに返済を実行することで、金融機関からの信頼を得る。

◎融資プロセスと本章の構成◎

相談	6-3. 融資を相談すべき金融機関とは
	6-4. 金融機関との正しい付き合い方
申込	6-5&6. 融資を受ける際に知っておくべき基礎知識
	6-7. 融資に必要な書類とその準備
融資審査	6-8. これからは事業性評価融資の時代
	6-9. 金融機関は、財務諸表をどうみるか
融資実行&返済	6-10. 融資方法を押さえて、返済に備えよう
	6-11. 適切な会社運営が経営者を守る

　資金返済に関しても、設備資金はフリーキャッシュフローから返済できているなど、資金使途や融資方法に沿った形で返済できていることを、金融機関が確認できるようにすることが重要です。

融資を相談すべき金融機関とは

金融機関の種類もいろいろ

お金を借りたいときに、個人口座を持っているメガバンクに借りようとしても簡単には借りられません。金融機関は、それぞれベースとなる法律が違います。その法の目的に合わせて、融資に関しての役割やスタンスも大きく変わります。

資金繰りに関する民間金融機関は大きく2つに分けられます。

【メガバンクおよび地方銀行】

これらは株式会社であるので、会社としての利益を図ることも優先されるため、貸倒れの可能性のある会社への融資は難しくなります。一方で、確実に返済ができる会社には大きな融資をしてもらえる可能性があります。

【信用金庫および信用組合】

どちらも協同組織の非営利法人です。信用金庫は会員による出資、信用組合は組合員による出資により設立されているため、原則として融資は会員または組合員であることが求められます。会員・組合員ともにほとんど条件は変わりませんが、信用組合はより小さい事業者を前提としています。

融資を依頼する金融機関の選び方

会社の規模が大きくなるにつれて、融資を含めた取引をしていく金融機関を追加していくことをお勧めします。

設立して間もない会社や売上規模が1億円程度である場合、地域の信用組合と相談しながら進めます。そして、売上が1億円から5億円程度になってきたときに地域の信用金庫、5億円以上10億円程度であれば地方銀行、さらに大きくなってきたときにメガバンクと

◎金融機関別の目的◎

種別	法	目的
メガバンク	銀行法	預金保護、金融の円滑化、国民経済の発展に資すること。
地方銀行		
信用金庫	信用金庫法	地域の金融の円滑を図り、その貯蓄の増強のための協同組織（信用金庫制度）、金融業務の監督の適正化、信用の維持と預金者等の保護に資すること。
信用組合	中小企業等協同組合法	地域の中小企業同士が相互扶助の精神にもとづき協同して事業を行なうための組織であり、公正な経済活動の確保と促進、経済的地位の向上をめざす。

◎金融機関別の特徴◎

種別	対象地域	構成員	規模	年間売上目安
メガバンク	全国	株主	大	10億円／年以上
地方銀行	各都道府県	株主	中	1億円／年以上
信用金庫	地域	会員	小	10億円／年まで
信用組合	地域	組合員	小	10億円／年まで

◎信用金庫と信用組合の違い◎

種別	構成員の条件（いずれか）	会社の大きさ（目安）
信用金庫	①住所または居所がある②事業を行なう事業者③勤労に従事する者④事業者の役員	従業員300人以下、資本金9億円以下
信用組合		従業員300人以下、資本金3億円以下（業種により違いあり）

いった感じです。これはあくまでも目安であり、売上が小さくても信用金庫や地方銀行と取引することも可能ですし、大きくなってもメガバンクではなく、地方銀行がサポートする場合もあります。

　なお、融資申込時に提出する資料などは、**金融機関の種類により大きく相違する**ことはないので、心配せず、読み進めてください。

金融機関との正しい付き合い方

定期的なコミュニケーションと見極めが重要

　お金を貸してほしいときだけ訪問しても、金融機関からお金を借りるのは難しいです。金融機関は、会社の業績や財務状況などをしっかり把握して、返済の可能性を判断する必要があります。

　では、どうすればいいかというと、**最低でも３か月に一度は試算表での業績等の共有**と、**年に一度の決算報告と年度計画状況などの報告**を行なうといいでしょう。

　前項で金融機関の規模別・種類別の特徴を見てきましたが、実は、実際のコミュニケーションは人と人である以上、メガバンクも信用組合も大きく変わることはありません。まず、**しっかりとした信頼関係を築けるかどうか**です。信頼関係の例でいえば、金融機関側から融資などの提案をしてもらえることがあげられます。業績や財務状況、事業計画などを把握できていないと、金融機関から適切な提案をしてくることはありません。ここで自社を見てくれている金融機関かどうかを見極めて、信頼関係を築くことの判断をするのです。

　信頼できる金融機関であれば、融資だけでなく、投資信託の購入やネットバンキングなどの手数料が得られる取引についても、一定範囲の手数料の見直しに応じることで、よりコミュニケーションを取ることができる機会を増やすこともできます。

　ただし、金融機関の特性から、担当者は３年に一度は転勤します。信頼関係が３年に一度は変わっていくことを想定して、付き合う金融機関を１つに絞らず、複数の金融機関と付き合いましょう。

いくつの金融機関と付き合うべきか？

　前項で説明したように、会社の規模によって付き合う金融機関は

◎定期的なコミュニケーションと見極め◎

・試算表の説明
・決算報告
・年度計画や事業計画の説明
などを通して、コミュニケーションを取る

X社様
融資提案書
**年*月*日
○○信用金庫

◎融資をお願いする金融機関チェックリスト◎

融資をお願いすべき金融機関	融資をお願いすべきでない金融機関
□保証協会の保証付き融資だけでなく、プロパー融資を提案してくれる □融資の相談前に提案をしてくれる □融資の相見積を嫌がらず、他行に比べて、低い金利を提案してくれる □手数料が必要な取引について、手数料の見直しをしてくれる □会社によく寄ってくれて、会社の状況を聞いてくれる	□左記のアクションをしない □当座貸越契約や短期継続融資を中止し、分割返済を求めてくる □有価証券や遊休不動産の売却による返済を求めてくる ⇒上記のうち下2点の□のケースは、金融機関が自社の経営に対して、何らかの疑念を抱いている場合もあるため、自社の経営状況を見直してみることも重要です。

◎新規取引金融機関を選ぶポイント◎

・成長ステージごとの身の丈にあった金融機関を選ぶ
・コミュニケーションがとりやすい近隣に支店のある金融機関が望ましい
・取引先、知り合い、顧問税理士などの紹介を利用する（飛び込みを嫌う金融機関も多いことと紹介による信頼感は重要なため）
・金融機関の支店や担当者との相性を見極める。地域金融機関では地区ごとに支店や担当が決まっていることが多く、支店の雰囲気や担当者が合わないと感じた場合、他を検討することも重要（合わないとコミュニケーションを取らなくなることが多いため）

変わってくることが多いため、むやみに増やすことはお勧めしません。たとえば設立すぐの場合、最初の1行は近くの信用組合で口座開設をして、取引を始める。次に、知り合いの経営者から信用金庫を紹介してもらうといったような形が望ましいと考えられます。

融資を受ける際に
知っておくべき基礎知識①

融資の基本的な知識を確認しておこう

金融機関の担当者と融資の相談をする際には、「保証人」「担保」「金利」といった単語が出てきますが、聞いたことはありますね。

ここで融資相談の際に必要になる基本的な知識について再確認しておきましょう。基礎知識があれば、相談内容を金融機関が誤解なく理解してもらえるというメリットがあるほか、多くのビジネスシーンでも役に立ちます。

資金使途はどのように答えるか

金融機関と融資の相談をする際には、必ず「**資金使途**」を聞かれます。資金使途とは、融資の使い道のことを指します。

◎「資金使途」の一般的な４種類◎

運転資金	事業を継続（運転）していくのに必要な資金。掛け取引による入金と支払いの時間的なずれ（タイムラグ）による資金不足を補うために融資されます。
つなぎ資金	売上入金まで長期になる等、入金までに発生する費用の支払いのためのつなぎの資金。工事代金の入金までが長期間になる建設業等が当てはまります。
設備資金	事業に関わる設備を購入するための資金。車両の購入や、店舗・事務所や工場などを建築するために融資され、複数年かけて返済を行ないます。
賞与資金、決算資金等	夏と冬のボーナスの支払いや法人税の納付のための資金。これらは現金による支払いが必須です。

◎運転資金の計算方法◎

運転資金必要額：200万円

＝（売掛金＋受取手形＋棚卸資産） － （買掛金＋支払手形）

（100万円＋100万円＋150万円） － （50万円＋100万円）

↑現金化される前の状態であり、　　　↑いますぐ現金を準備して
　現金を準備しておく必要あり　　　　おく必要なし

両者の差の分が運転資金として必要な金額の目安となります

ただし、目安としてあるように、実際の企業では、いつもそうとは限りません。取引先から支払いの前倒し依頼や上記以外にも前払金で払ってしまっているなど、それぞれの会社の事情をしっかり加味する必要があります。ここは、形式的な融資とならないように、金融機関としっかりコミュニケーションを取るようにしましょう。

◎資金使途の確認ポイント（金融機関の視点）◎

金融機関の資金使途に関する確認ポイント	金融機関が確定した資金使途との整合性に関する確認項目
□ 資金使途は具体的になっている □ 資金使途が会社の事業内容と比較して、妥当性がある □ 資金使途と融資額と返済方法にはその期間に整合性がある ⇒資金使途が具体的になっているかをヒアリングして、事業計画＋返済計画等で確認する。	■ 確定した資金使途に関する整合性 ①融資額はいくらか ②返済原資は何を想定しているか ③どのように返済する予定か ④返済期間はどのくらいか ⇒上記に関する返済計画を明確にすることが、確実に融資を受ける近道ともいえます。

　融資を行なう際の契約書である「金銭消費貸借契約書」には資金使途欄があるくらいで、資金使途を守ることは、一番重要といっても過言ではありません。よく理解しておいてください。ちなみに、資金使途には、前ページ表の4種類があるといわれています。

融資を受ける際に
知っておくべき基礎知識②

　金融機関から融資を受ける際の相談などで出てくる用語について簡単に説明しておきましょう。

【金利】

　金利とは、融資を受けた際に、毎年支払う利息の利率をいいます。完済するまでに金利が固定するか変動するかで、「固定金利」と「変動金利」に分かれます。できる限り低い金利で融資を受けることも重要です。右図にある金利の計算式を理解して、交渉しましょう。

　中小企業では、企業ごとに「貸倒損失率」の影響が大きいので、日常的にコミュニケーションを取って、貸倒リスクが低いことと経費削減のためにも金利は下げてほしいことを、融資を受ける金融機関に伝えておきましょう。

【担保】

　担保とは、借入れの弁済を確保する手段して、金融機関に提供するものをいいます。融資に関連して求められることが多く、さまざまな場面で求められるので、しっかりと押さえておきましょう。

【信用格付け／債務者区分】

　融資先企業の返済能力を基準に格付けを行なうもので、同様の考え方で旧金融検査マニュアル（※）をベースとした債務者区分（6区分）という形で実施している金融機関も多いです。収益性や安全性などの財務分析を中心に定性情報を加えて、実施されます。

（※）金融庁の検査官が金融機関を検査する際の手引書だったものであり、金融機関の融資審査等を実施する際のベースともなっています。

【信用保証協会付き融資】

　融資相談に行くと、担当者から「信用保証協会」という言葉が出てくると思います。これは、融資の保証を信用保証協会が肩代わり

◎金利の計算式◎

■金利＝調達金利＋経費率＋利益率＋想定貸倒損失率

調達金利	日本銀行からの調達レートなどをベースに決定される
経費率	銀行の経営において必要な経費を融資量で割ったもの
利益率	各銀行で設定された利益額を融資量で割ったもの
貸倒損失率	倒産や返済不能となる貸倒損失リスクのことで、企業ごとに設定される

◎不動産購入以外で担保が求められる４つの場合◎

新規の融資を申し込んだとき（債務者区分が低いなど）
当座貸越を設定しようとしたとき
会社の業績の悪化が将来も見込まれる等があったとき
返済額の減額や期間延長などのいわゆるリスケジュールをお願いしたとき

◎債務者区分（6区分）◎

正常先	業績も良好であり、財務内容に問題もない
要注意先	業績低迷、金利減免、返済遅滞などの今後の管理に注意が必要
要管理先	要注意先のうち、３か月以上遅滞または貸出条件を緩和している
破綻懸念先	現在は経営破綻していないが、今後破綻が懸念される
実質破綻先	法的・形式的には、経営破綻の事実はないが、実質的には破綻状態に陥っている
破綻先	法的・形式的にも経営破綻の事実が生じている

してくれるものであり、金融機関にとっては貸倒リスクがない安全な融資となります。

【日本政策金融公庫】

　国が100％出資する金融機関です。一般的な銀行とは違い、中小企業の事業の利益になるように柔軟な融資を目的とする金融機関のため、融資可決率も高く、低金利というメリットがありますが、審査には１か月程度かかるといわれているので、注意してください。

融資に必要な書類とその準備

どんな書類の提出が必要か

融資を申し込む際には、たくさんの資料を提出しなければならないと考えている人が多いと思います。

金融機関としても性質の違いはあれ、融資を確実に返済してもらえる会社を優先せざるを得ません。返済の確実性を確認するために資金使途に応じた資料を求めてきます。むしろ、変に構えることなく、資金使途に応じた必要な資料を理解し、必要最低限の労力で効率的かつ効果的に融資を受けましょう。

下表の「必須書類」は、財務分析に使用したり、会社の経営に関する書類が作成できるという点における経営能力を見ることにも使い

◎融資の際に必要になる主な書類◎

必須資料	財務諸表（3年分）	返済能力と返済財源の確認や、粉飾決算や税金滞納などのチェック
	資金繰り表	財務諸表や試算表との整合性や資金使途の根拠確認などのチェック
	試算表	決算後の推移と"飛ばし"の戻しなどの粉飾決算のチェック
実態把握	企業概要	企業沿革、経営者略歴などを確認
	経営計画／事業計画	返済可能性に関する妥当性を確認
	商品・サービスのパンフレット	ビジネス内容を理解し、商品力を確認
	借入金一覧	財務諸表や試算表との整合性や他の銀行への依存度などの確認

◎その他の書類（以下までおさえておければ、ほぼ大丈夫）◎

発注書・契約書、請求書	資金使途の「つなぎ資金」等の必要性などの確認
投資に関する見積書、契約書、（請求書）	資金使途の「投資資金」の必要性などの確認
担保保証人関連資料	担保価値や保証人の返済能力を確認
各種許可証・認可証	許可・認可等は会社の強みになるため、その確認
納税証明書	税金を滞納している会社は実態は厳しい可能性が高く、その確認
役員名簿／株主一覧	親族会社などは放漫経営になりやすく、その確認
預金通帳	社長への貸付などの不明瞭支出の確認
確定申告書	提出された書類の内容の正確性などを確認

◎企業概要書の構成◎

企業概要書
1. 企業の沿革・経営者の略歴等（会社のもつ許認可も記載）
2. 資本金と従業員数（会社規模）
3. 役員・株主関連ならびに関連企業
4. 借入金一覧（借入金の状況）
5. 取扱商品・サービスの概要（内容に加えて、セールスポイント等）
6. 取引関係（販売先、仕入先等）

＋ 経営計画書／事業計画書

企業概要書をつくるメリット
- 一度作成すると、更新するだけですむ
- 別々の資料を準備するより、一覧して確認できる
- 経営計画書とセットで作成することで会社の現在と未来の姿の両方がわかる

ます。また、企業概要、経営・事業計画、パンフレットは企業をより理解するために使用し、借入金一覧は財務体質の確認に使います。

実態把握資料をまとめた「企業概要書」を作成してしまうのもお勧めです。構成などは図解を参考にしてください。

これからは事業性評価融資の時代

事業性評価融資はどのように行なわれるのか

「事業性評価融資」とは、財務データや担保・保証に必要以上に依存することなく、融資先企業の事業の内容や成長可能性などを適切に評価したうえで融資することをいいます。事業性評価融資を受けるためには、自社の経営理念、強み・弱み、経営戦略、事業計画といったことを金融機関に理解してもらうことが必要です。

各金融機関の独自の経営ビジョンシートなどを作成・提出し、金融機関がその成長性など事業性評価の審査をします。審査結果にもとづき、金融機関からのアドバイスのもとで経営計画書を作成し、融資を受けます。金融機関はこの計画書にもとづく経営活動をチェック・確認して、実現できるようにアドバイスと支援を行ないます。

経営計画に記載する項目 （事業計画も基本的に同じ）

具体的な経営計画としては、おおよそ以下のものを記載します。①事業概要・沿革、②経営理念・ビジョン、③環境分析、④自社の強み・弱み（ＳＷＯＴ分析）、⑤経営戦略、⑥数値計画・行動計画・スケジュール等

なお、上記内容は、金融機関独自のフォーマットとしても特別な内容はなく、通常の経営計画書を作成することと変わりないので、身構える必要はありません。

実際には、基本的に自社内に経営者を中心とした体制をつくり、金融機関のアドバイスのもと、計画を作成することになります。

経営計画の作成に関するアドバイス

経営計画の記載項目には、ＳＷＯＴ分析など聞き慣れない言葉も

これまでの融資手法の問題点	金融機関は、融資額を回収できないと困るため、財務諸表の内容や保証・担保の有無をもとに判断することが一般的だった。この手法による融資では、成長が期待できるが、財務内容がよくない企業が必要な資金が調達できず、それが地域の発展を阻害する可能性もあった。
国の施策方針	平成25年に「日本再興戦略」の施策の一つとして、「地域金融機関等による事業性を評価する融資の促進等」が明示された。国として、事業の成長可能性を評価した融資が行なわれるように促進していくという方針が出された。

◎経営計画書への記載項目（事業計画も基本的に同じ）◎

①事業概要 歴史	会社が主に行なっている事業と歴史（経緯）を説明することで、会社に関する理解をより深めてもらうためのもの
②経営理念 ビジョン	経営理念は、会社の基本的な価値観を表わすもの。経営ビジョンは、会社の将来像やありたい姿を示している
③環境分析	取引先や競合などを把握・分析することを外部環境分析といい、会社内の資源などを把握・分析することを内部環境分析という
④SWOT分析	強み(Strength)、弱み(Weakness)、機会(Oppotunity)と脅威（Threat）を組み合わせて、経営戦略の方針を立てる
⑤経営戦略	会社経営を行なっていくうえで、経営目的や目標を達成するための方針や経営計画全般のこと
⑥数値計画 行動計画 スケジュール	数値計画は、財務諸表を中心に会社の目標数値をまとめる。行動計画とスケジュールは、計画にもとづく具体的な行動と日程スケジュールに落とし込んで実施していく

多く出てきます。内容がわからないときは、経営計画の作成に関する書籍を読んでいただくか、専門家である中小企業診断士などに相談することで、スムーズに対応を進めることができます。アニモ出版刊の『図解でわかる経営計画の基本 いちばん最初に読む本』もお勧めです。

金融機関は、財務諸表をどうみるか

金融機関にとっての財務諸表の位置づけ

　金融機関が融資審査をする際に、軸となるのは財務諸表で確認できる財務体質とその内容（主に返済能力と返済財源）となります。

　そこで、財務3表（貸借対照表、損益計算書、キャッシュフロー計算書）について、そのチェックポイントを簡潔に説明しましょう。

【貸借対照表のチェックポイント】

　借入金の大きさと、返済財源となる流動資産のうち売掛金と棚卸資産をチェックします。借入金の金額が大きければ、返済能力を疑います。また、回収に時間がかかっている売掛金（不良債権）、架空売上に伴う売掛金、不良在庫の疑念があれば、返済財源を低く見積もります。これ以外も、会社の特性に応じた項目を確認します。

【損益計算書のチェックポイント】

　売上高と利益の推移と4つの利益（右図の損益計算書の太字）をチェックします。3期連続で黒字であれば一安心です。ただし、最終的に黒字であっても、売上総利益や営業利益が赤字か小さい場合には、継続的な返済財源の確保に疑念をもつこともあります。

【キャッシュフロー計算書のチェックポイント】

　現預金等残高の推移とフリーキャッシュフロー（FCF）の大きさをチェックします。現預金等の大きさは当然ですが、営業活動から生み出したキャッシュから投資活動によるキャッシュを引いた残りを、事業が自由にできるお金をフリーキャッシュフロー（FCF）といい、融資の重要な返済財源となります。

　なお、融資を確実に受けるために財務諸表をよく見せようとして、不良資産を残したり、本来、営業外収益の項目を強引に売上に含めるといったことはやめてください。財務のプロである金融機関は見

◎財務3表のチェックポイント（金融機関担当の独り言つき）◎

月平均売上の3か月以上は、怪しい

3期連続金額が増加していたら、怪しい…不良在庫だな

すぐに売れる上場会社の有価証券はいいぞ

【貸借対照表】

現預金残高	借入金 （負債）
売掛金等	
棚卸資産	
有価証券	
固定資産	純資産 （資本等）

借入金を月売上平均で割ると3以上だから注意が必要だ

債務超過じゃないな。でも、総資産を純資産で割った数値が高いから気をつけないと

フリーキャッシュフロー

【損益計算書】

売上
売上原価
売上総利益
販売費及び一般管理費
減価償却費
営業利益
営業外収益
営業外費用
経常利益
特別利益
特別損失
当期純利益

売上総利益が小さいのは、商品力が落ちてるとしたら、売上は下がるかな

減価償却費は、支払いがないから跡が残らないし、粉飾しやすいからよく見ないと！

ギリギリ3期黒字だから、よしとするか

【キャッシュフロー計算書】

営業活動によるキャッシュフロー

投資活動によるキャッシュフロー

財務活動によるキャッシュフロー

現金及び現金同等物の増減
現金及び現金同等物の期首残高
現金及び現金同等物の期末残高

活動によるキャッシュと現金および現金同等物（いわゆる現預金等）とFCFをしっかり見ておこう

抜きます。それよりも財務諸表をしっかりと理解して、ポイントを押さえた説明ができる。加えて、今後どのように事業を展開するかを事業計画などにもとづいて語れるようになってください。

融資方法を押さえて、返済に備えよう

4つの融資方法（形態）を知っておこう

金融機関の融資には、目的にもとづく資金使途により、返済期間や返済方法などさまざまな種類に分かれます。契約書や手形などのさまざまな融資の方法（形態）を理解しておくことで、資金使途に合わせた書類の必要性やそのポイントを理解し、準備をスムーズかつ迅速に進めるようにすることが重要です。

融資には、以下の4つの方法（形態）があります。

証書貸付	金融機関と金銭消費貸借契約書を締結したうえで融資を実行する方法
手形割引	取引先から受け取った手形を銀行に預けて、買い取ってもらう方法
手形貸付	金融機関が、金融機関を支払先とした手形を振り出して、その金額に応じた融資を実行する方法。手形を担保にした融資ともいいます
当座貸越	締結した当座貸越契約書にもとづき、借入限度額を設定し、その範囲内で普通口座の残高が不足した場合に自動的に融資されるしくみ

資金使途に合わせた選択をしよう

運転資金は、原則として手形割引で金融機関から融資を受けましょう。もし、運転資金を証書貸付で借りた場合は、毎期一定金額の返済が必要となります。運転資金は毎期発生するものであり、簡単に借換えができる融資形態をとらないと、かえって経営を制約してしまいます。

◎融資方法と資金使途の関係◎

資金使途	融資方法	期間	支払利息等のコスト
・運転資金 ・つなぎ資金 ・賞与決済資金	手形貸付	1年以内	比較的低めに設定
	手形割引	1年以内	割引期間等に依存
	当座貸越	1〜2年	手形貸付より高め
投資資金	証書貸付	数年以上	金利の計算にもとづいて算出

◎手形貸付時に銀行向けに振り出す約束手形（あくまで参考フォーマット）◎

約 束 手 形　No.123456789

収入
印紙

株式会社○○銀行　殿

金額　¥3,000,000.-

令和＊＊年＊＊月＊＊日

振出地
住所　　東京都新宿区・・・
振出人　株式会社 ABC

支払期日
令和＊＊年＊＊月＊＊日

支払地
東京都新宿区・・・
支払場所
○○銀行　新宿支店

◎資金使途に合わせることで、返済金額を削減して資金繰りを改善した例◎

運転資金 500万円	証書貸付 による 長期借入 1,500万円	期間5年 500万円 毎年100万 円返済	手形貸付 に変更	手形貸付 500万円 返済なし	返済金額 を100万 円削減
投資資金 1,000万円		期間10年 1,000万円 毎年100万 円返済		期間10年 1,000万円 毎年100万 円返済	

　なお、資金使途どおりに資金を使わないと金融機関からの信頼を失い、次回の融資が受けづらくなることもあります。

6-11

適切な会社運営が経営者を守る

連帯保証人が財産をすべて取られるのは過去のもの

連帯保証人とは、会社の債務を保証する人を指し、かつては会社が借金を返さない場合には抗弁できず、すぐに取り立てをされていました。さらに、2005年に包括根保証が禁止されるまでは、無制限の保証となっていました。この身ぐるみをはがされるイメージが強く残っており、融資を受けることを嫌がる人も多いと思います。

しかし現在は、限定根保証や特定債務保障など、負担すべき債務が限定されていますので、そこまで心配する必要はありません。適切に資金を調達できるようにしておくことは、会社の成長にとっても重要なことです。

さらに、2011年をもって、第三者保証人を求めることは原則としてなくなりました。

経営者の救世主？ 経営者保証ガイドラインとは

これまでの流れがより明確になったのは、経営者保証に関するガイドラインが出たためです。これは、会社が基本的に経営者の保証なしで融資を受けられるためのガイドラインです。一見、経営者に何の負担もなく、融資を受けられるようになったかのように思えますが、そういうことではありません。むしろ、「私が保証するから貸して！」の時代から、適切な会社経営とそのチェックが求められる時代に変わったことを意味するものです。

経営者保証ガイドラインでは、連帯保証人なしで、融資が受けられる会社の状態（条件）が次のように明文化されています。

①資産やお金に関し、法人と経営者が明確に区分・分離されている
②財務基盤が強化されており、法人の資産や収益力で返済が可能

◎保証の種類◎

種　別	概　要
包括根保証	将来発生する債務（※）を無制限に連帯保証する契約
限定根保証	特定された継続的な債務（※）に対し、保証限度額や期間が定められている契約
特定債務保証	特定された個別の債務（※）に対し、保証義務を負う契約

（※）ここでいう債務とは、融資（借入金）を返済する義務のことを指します。

◎連帯保証人なしで融資を受ける条件とその内容◎

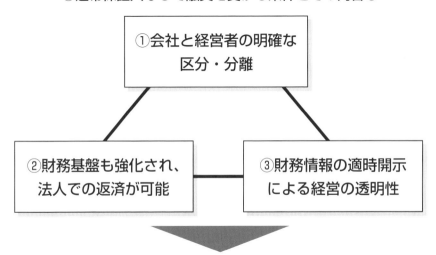

①会社と経営者の明確な区分・分離

②財務基盤も強化され、法人での返済が可能

③財務情報の適時開示による経営の透明性

上記の3条件は、本章の最初に説明したビジネスのレベルアップとコーポレートガバナンスを適切に行なっていることと同義といえます。さらに、会社の事業内容を金融機関に理解してもらうという点では、事業性評価融資にもつながる内容といえます。

③財務諸表をベースにした情報の適時開示による経営の透明性

　これは、ワンマン社長で個人依存型の会社には難しく、会社側にも適切な会社運営を求めており、金融機関にはその見極めを求めています。

外部からの資金調達は融資だけではない

　最近、資金調達の話のなかで融資以外でよく出てくるのが、「クラウドファンディング」です。従来にはない手法であり、ＳＮＳなどで「簡単に数百万円集まるよ！」などとのコメントを見て、興味をもっている人も多いと思います。クラウドファンディングとは何かや、メリット、デメリットについては、７－８項で説明されているので、そちらを参照してください。

　ここでは、コラムらしく事例やそのポイントについて触れておきましょう。私の知り合いの小さなクラフトビールの工場を起業した人の話ですが、自分たちが製造したビールをよりおいしく飲んでもらえる環境を提供したいと、購入型クラウドファンディングを実施して、数百万円の資金を短期間で集めることに成功しています。

　クラウドファンディング用につくられたビールを支援に対するリターンとすることで、多くのビール好きの支援を集めました。

　計画のち密さやリソースなどの実現可能性は当然として、適切な情報発信による共感を得ることが重要です。そのためにも、「支援者の琴線に触れるストーリーを明確にしたサイトの構築」が重要となります。サイト構成は、おおよそ以下の４つになります。やってみようと思うなら、挑戦してみるのもひとつです。

題　名	他の会社を参考にして、支援者が惹きつけられる表現にしてください。
自己紹介	支援者に親近感をもってもらうことが重要です。
こだわり	小さい頃からのこだわりなどがある支援者が納得できることが重要です。
実現したいこと	実現できそうだと思えて、支援者に手伝いたいと思わせてください。

7章

多様で幅広い資金調達方法と活用のしかた

執筆 ◎ 水口 若菜

知っておきたい
さまざまな資金調達方法

資金の調達先は金融機関だけではない

　6章では、金融機関からの資金調達に関して詳しく見てきましたが、企業が活用できる資金調達方法はほかにもたくさんあります。

　「資金が必要であれば借りる」と思い込まずに、返済しなくてもよい方法はないか、もっと安全性を高められる方法はないかなど、最善手をめざして可能性をあたってみることが必要です。

　企業における主な資金調達方法には、以下のような方法があります。

①自己資金

　創業時であれば創業者が所有し、自由に動かせる資金をさし、法人の場合には資本金をさすことが多いです。創業融資を検討している場合は、融資金額を左右することにもなるため、必要な創業資金総額の3～5割程度を準備できるとよいとされています。

②融資

　金融機関のほか、各種共済、親族・知人・友人、ノンバンクなどから借り入れるものも含まれます。最近は、AIを活用したオンラインレンディングが注目を集めています。

③補助金・助成金

　国や地方公共団体などから支給され、返済の必要がないものです。国や自治体の政策目標に合わせて募集されており、それぞれの要件を満たす必要があります。そして審査を受けた結果、採択が決定されます。

④直接金融

　ベンチャーキャピタルや投資育成株式会社、個人投資家などの貸し手から、投資として直接融資を受けるものをいいます。

◎さまざまな資金調達方法◎

分　類	主な種類	返済の必要
自己資金	自己資金	不要
融資	親族・友人などからの融資	必要
	銀行・信用金庫などからの融資	
	日本政策金融金庫・商工組合中央金庫からの融資	
	商工会議所からの融資	
	小規模企業共済・経営セーフティ共済からの融資	
	ノンバンクからの融資	
	オンラインレンディング	
補助金・助成金	経済産業省・中小企業庁	不要（例外あり）
	厚生労働省	
	地方自治体	
直接金融	株式・社債の発行	必要
	ベンチャーキャピタルからの投資	
	投資育成株式会社からの投資	
	個人投資家からの投資	
資産売却	遊休資産の売却	不要
	ファクタリング	
	事業売却	
その他	クラウドファンディング	―
	リスケジュール	―

⑤資産売却

　遊休資産や売掛債権など、資産を売却して現金化するものです。

⑥その他

　クラウドファンディングなどによる調達方法もあります。

　また、上表にあげたような直接的な資金調達以外にも、信用保証協会による債務保証の枠を拡大できたり、認定経営革新等支援機関（認定支援機関）として認定を受けた各種専門家を派遣してもらえたりといった金融支援もあります。

　採用すべき資金調達方法について検討を進めるとともに、こうした関連情報にもアンテナを張っておきたいものです。

資金繰りに関する
国や自治体の関連機関と法律

資金繰りを支える法的根拠

資金繰りに関係する法律にはさまざまなものがありますが、中小企業に縁の深い施策に関係するものは以下のとおりです。

◎国や自治体の実施する中小企業支援施策◎

調達方法	法による支援目的	関係する機関
融資	直接融資	日本政策金融公庫 株式会社商工組合中央金庫 信用保証協会 中小企業基盤整備機構
	信用補完制度の展開	
	中小企業の支援	
補助金・助成金	国や自治体の事業施策実現をサポート	政府（各省庁）・自治体
直接金融	株主として支援	投資育成株式会社
	税制優遇（エンジェル税制）	地方経済産業局

【信用補完制度】

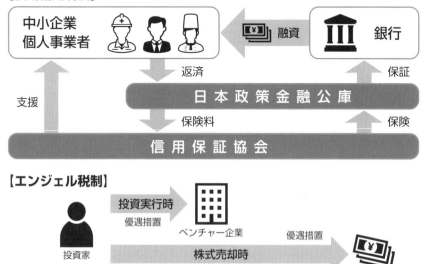

【エンジェル税制】

◎各機関の資金関連の役割とその法的背景◎

機　関	施行年	関連法律	事業内容／出来事など
株式会社商工組合中央金庫（商工中金）	1936年	商工組合中央金庫法	中小企業金融公庫として発足
	2008年	株式会社商工組合中央金庫法	協同組織金融機関から株式会社形態に移行。通常、銀行では困難な長期・無担保貸付を実現。中小企業の窮状を救う金融機能を発揮している
株式会社日本政策金融公庫（日本公庫）	1953年	中小企業金融公庫法	国の政策等にもとづき、法律や予算で決められた範囲で金融機能をもつ機関
	2008年	株式会社日本政策金融公庫法	他の公庫と統合。日本の中小企業・小規模事業者や農林漁業者の資金需要に対して、通常銀行では難しい少額でも融資を行なう
信用保証協会	1953年	信用保証協会法	中小企業・小規模事業者の金融円滑化のために設立された機関。信用補完制度の中核になる
商工会議所	1953年	商工会議所法	マル経融資（小規模事業者経営改善資金貸付制度）の窓口となっている
補助金・助成金	1955年	補助金等に係る予算の執行の適正化に関する法律	補助金の適正な活用を定めるための法律。制定されてから現在に至るまで、何度も改正が行なわれている
	―	地方自治法	国や地方自治体に数多くの補助金・助成金制度がある
投資育成株式会社	1963年	中小企業投資育成株式会社法	国の政策実施機関。個別企業に自己資本の充実、経営の安定化、企業成長を直接支援する
各地方経済産業局エンジェル税制	1997年	租税特別措置法中小企業等経営強化法	ベンチャー企業への投資を促進する
独立行政法人中小企業基盤整備機構（中小機構）	2004年	独立行政法人中小企業基盤整備機構法	中小機構は、国の中小企業政策の中核的な実施機関。さまざまな統廃合を経て現在の姿に。起業・創業期から成長期、成熟期に至る幅広い支援メニューを提供している

　これらの施策は、性格的に大きく次の２つに分けられます。

①国が資金調達に直接的に関与するためのもの

②資金調達にからむ金融システム基盤整備に関係するもの

　①では、前項にあげた調達方法である「融資」「補助金・助成金」「直接金融」の３つに関して直接的・間接的支援を行なうため、法律を制定して国が関与する法的根拠を示しています。支援内容は単純な資金支援にとどまらず、複合的な支援サービスとなっています。

　②では、国は円滑に「お金を回すシステム」を構築することを意図しています。企業に対して直接的に支援するほか、ステークホルダーとなる第三者へ間接的に喚起・刺激したり、経営支援を行なったりとさまざまなプログラムを用意しています。

国や自治体の金融支援と専門家の活用

🏢 利用できるものがないか定期的にチェックを

　国や自治体は、中小企業や小規模事業者を対象としてさまざまな支援施策を用意しています。専門家派遣・経営相談受付といった恒常的なものから、補助金・助成金など期限が比較的タイトに区切られているもの、自然災害などの突発的事由を受けての融資枠拡大など、種類も多くあります。利用できるものがないか、定期的に確認するとよいでしょう。

　中小企業庁が運営する中小企業向け補助金・総合支援サイト「ミラサポplus」では、経済産業省、中小企業庁、厚生労働省をはじめとする各省庁や都道府県が実施する支援制度を探せます。「お困りごと」として「資金繰り」を指定すれば、資金繰りに関係する支援のみに絞り込んでの検索も可能です。そのほかキーワード検索や、業種や地域による絞り込みも便利です。

🏢 専門家に相談してみよう

　公的機関の支援策があることはわかっても、自社が対象かどうかわからない、支援策を受けるために必要な書類の作成に関するノウハウがない、そもそも資金繰りに難があるのかどうかよくわからない、などといった場合には、専門家に相談することをお勧めします。

　「ミラサポplus」では、国の「よろず支援拠点」のほか、認定経営革新等支援機関として認定を受けた民間団体や金融機関、税理士や中小企業診断士などの士業の支援者を探せます。

　同じく中小企業庁が運営するサイト「中小企業119」では、経営相談ができる専門家と連絡をつなぎ、伴走してくれる支援機関を検索できます。

◎専門家に相談したいときに役立つ機関等◎

主な種類	特　徴	設置個所
よろず支援拠点	国が設置した無料の経営相談所	47都道府県
中小企業電話相談ナビダイヤル	最寄りの経済産業局中小企業課につながるテレホン経営相談	電話
中小企業金融相談	中小企業庁による、資金繰り全般が対象の電話相談	電話
中小企業基盤整備機構	独立行政法人として運営する、国の中小企業政策全般にわたる総合的な実施機関。小規模企業共済、経営セーフティ共済制度を運用している	全国9か所
・E-SODAN	ＡＩと専門家が回答する、チャット形式のオンライン経営相談	Web上
・経営相談ホットライン	テレホン経営相談	電話
全国中小企業振興機関協会都道府県中小企業振興機関	公益財団法人として運営。産業振興センター、産業振興機構などの名称のところもある。下請取引の適正化推進が目的の「下請けかけこみ寺」が設置されている	全国
ビジネスサポートセンター	自治体主導で設置された相談窓口。利用には所在地に本社があるなどの条件がある場合も	各自治体
商工会議所	商工会議所法にもとづき設立された民間の特別認可法人であり、会員制の組織。日本政策金融公庫のマル経融資（小規模事業者経営改善資金）を受けるには、商工会議所の推薦が必要	市（原則）
商工会	商工会議所同様、民間の特別認可法人であり、会員制の組織だが、根拠法は商工会法。支援対象の9割が小規模事業者や個人事業主で、経営改善普及事業をメインとする	町村（原則）
税理士会	全国15法人。配下の支部単位でも相談会を実施しているところもある	全国
中小企業診断士会	経営コンサルタント唯一の国家資格。定期的に無料相談会を行なっているところも	全国
経営革新等支援機関	中小企業庁の認定経営革新等支援機関検索システムから探せる	全国

　また、多くの自治体では、無料の経営相談会を実施していますので、専門家と直接話をしてみたい場合には足を運ぶのも一法です。

　さらに最近では、オンライン相談やチャットボットによる相談などもあり、以前より気軽に利用できるようになりました。特に、起業・創業に際しては、国・自治体も力を入れているため支援策も多くあります。

　専門家のリードで複数の支援策を組み合わせてうまく活用したいところです。

7-4

補助金・助成金の活用

資金調達の第一選択肢は補助金・助成金

これまで見てきた施策のなかでも、まず検討したいのが**補助金・助成金**です。基本的に返済が不要で、キャッシュや資産が増加する手段である点が魅力です。また、出資者や融資者からは、事業への干渉や配当などの見返りを期待されるケースがありますが、補助金・助成金に関しては、そういったこともなく事業に集中できます。

ただし、補助金・助成金には政策にもとづいたものなど、「**交付の目的**」があり、その目的に沿った取組みでないと利用できません。募集要領に則って申請や審査が必要になるため、必ず交付されるものではない点、採択までに時間がかかる点にも注意が必要です。

また、**多くの場合は申請した全額が補助・助成されるわけではありません**。さらに、キャッシュは補助事業にかかる設備の購入後など、支払い実績にもとづいて「**事後**」に支払われるため、当面の資金として自己資金や借入金などの準備が必要です。多くの補助金・助成金は、法人税や所得税の課税対象である点にも留意しましょう。

補助金と助成金の違いは？

補助金と助成金は共通点が多いですが、違いもあります。最も特徴的な相違点は、**獲得難易度**です。助成金の場合は要件を満たしてさえいれば支給される場合が多く、比較的獲得容易といえます。

一方、補助金の場合は要件を満たすだけなく、採択件数を上回る応募のなかから審査でより優れた内容の事業として採択される必要があります。必要な書類も多く、具体的かつ詳細な内容が求められるうえ、申請したからといって必ず受給できるものではないことから、少しハードルが高いものとなっています。

◎補助金と助成金の性格の違い◎

	助成金	補助金
獲得難易度	比較的やさしい。一定の要件を満たせば受給できる場合が多い	難しい。倍率が高く、要件を満たすだけでなく、他社と比較して優秀な内容であるなど審査をパスして採択される必要がある
金額	比較的小さい。数万円から数百万円規模	比較的大きい。数十万円から数億円規模
募集期間	長期間。予算消化まで通年	短期間。数週間から3か月程度
主な交付元	厚生労働省	経済産業省
主な対象事業	雇用創出・安定、人材育成・教育、労働環境改善など	創業、設備投資、技術開発、販路拡大、生産性向上、事業転換、事業承継など

◎補助金・助成金の申請から支給までの流れ◎

公募開始	各省庁・自治体など交付元のサイトや冊子などで告知される
申請書類提出	gビズプライムIDを取得して電子申請でのみで受け付けるものも増えている
審査	審査機関は1〜2か月程度が多い
採択	採択通知書が届く
交付申請	見積書の提出など、受取りのための手続きを行なう
事業実施	交付決定された内容で事業を実施する
中間報告	事業を申請どおりに進められているか遂行状況を報告する
検査・監査	実施状況・使用金額などを中間報告をもとに検査される
支給申請	補助事業終了後、期日までに実績や経費明細の報告などとともに支給申請を行なう
支給	申請に問題がなければ金額が確定、支払われる
状況報告	事業の完了後も補助事業の事業化状況について報告が必要な場合も

補助金の申請書
作成におけるポイント

🏢 公募要領を読み込もう

難易度は確かに高いものの、比較的支給金額も大きく、採択されれば資金繰りに大いに役立つのが**補助金**です。

申請が採択されるには審査にパスする必要がありますが、その審査項目・評価基準はすべてではないものの、公募要領に記載されています。しっかりと読み込み、評価される申請書を作成しましょう。

🏢 審査のポイントはどこか

申請書の内容に関して、重要な点は以下の３点です。

①補助事業の内容が制度の目的に沿っていること
②補助事業が実現可能かつ他社と比べて優秀であること
③上記２点を提出書類でわかりやすく主張できていること

まず、①に関しては大前提となります。「自社の課題は、資金面がクリアできれば、制度の目的に合った事業を展開することで解決できる」というストーリーを立てましょう。

②については、審査員が客観的に比較評価できるようにする必要があります。したがって、補助事業で「何を、どこまで、いつまでに、どのようにやるか」といった到達目標や取組み方法について、具体的に、**数字を明確**にして記載します。また「なぜ自社がやるべき事業なのか」、言い換えるなら「なぜ他社でなく自社に補助金を交付すべきなのか」をアピールするため、**自社の強みは何か、補助事業ではどう活かせるのか**を明らかにします。ターゲットとした市場の特色や成長性、どんなニーズがあるのかなども記載して、それに応えるために事業を行なう旨を説明すると、説得力が高まります。

③については、**他人に読まれる文書**であると意識することが大切

◎課題解決のストーリーを描く◎

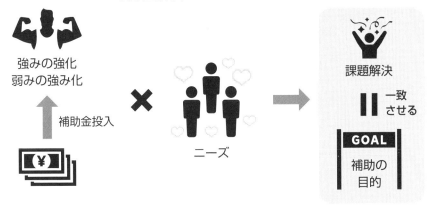

◎わかりやすい文章にするポイント◎

カテゴリ		注意点
文章表現	主語と述語	・主語を明らかにして、述語まで書ききる ・主語と述語を対応させる
	一文の表現	・一文は短く、内容は一つの事柄までとする ・あいまいな表現・冗長な表現は避ける
	全体の表現	・常体（だ・である調）と敬体（です・ます調）を混在させない ・語句や意味の重複した文を避ける
説得力	正確さ	・統計資料や相見積書などデータを用いて数字の根拠を明らかにする ・ヌケ・モレや誤字・脱字、計算ミスなどがないかダブルチェックする
	伝わりやすさ	・専門用語には語句解説や脚注などを挿入する ・文章全体・ストーリー全体の筋を通す
見やすさ	レイアウト	・数字の説明ではグラフや表を用いる ・イメージ図や写真を適宜使用する
	タイトル・ポイント	・タイトルは事業内容や期待される効果をキャッチフレーズ的に表わす ・太字やアンダーラインを用いて強調する ・小見出しや箇条書きを用いて端的にまとめる

です。ストレスなく読み進められる文章になっていることはもちろん、何も知らない人が読んでも意味が通り、意義がわかるようにまとめましょう。

ファクタリングの活用のしかた

売掛債権を売却して資金化する買取型ファクタリング

　返済不要な資金調達方法としては、遊休資産の売却も有効な方法です。その一種である、売掛債権を売却する「**買取型ファクタリング**」は、近年注目を集めているサービスです。

　経済産業省が紙の約束手形について2026年をめどに廃止の方針を打ち出したことや、中小企業庁でも資金調達での売掛債権の利用を促進していることから、ファクタリングの需要は高まるでしょう。

買取型ファクタリングのメリット

　保有している売掛金・受取手形などの売掛債権を、本来の期日前に一定の手数料を支払いファクタリング会社に買い取ってもらうため、**入金サイクルが短縮**でき、キャッシュフローの改善が期待できます。最近では、受注直後から売掛債権を買い取り、審査当日など早期に現金化してくれるサービスも登場しています。

　また、ファクタリングは原則としてノンリコースで契約が行なわれます。ノンリコースとは、ファクタリング会社に償還請求権がないという意味で、債権が回収不能となった場合も、債権を売却した利用者に買戻しを求める権利がないことをさします。つまり、**債権の貸倒れリスクはファクタリング会社が負う**ことになります。

　そのほか、担保や保証人がなくても利用できる、自社の財務状況が悪くても売掛先の信用力が高ければ利用できる、といった点も、融資にはないメリットといえます。

買取型ファクタリングのデメリット

　手数料が比較的高額な点には注意が必要です。あまりに高額な手

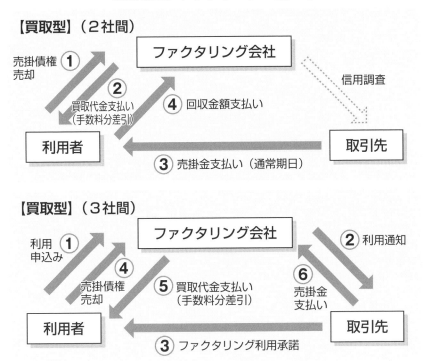

◎買取型ファクタリングの流れ◎

【買取型】（２社間）

ファクタリング会社

売掛債権 ① 売却

② 買取代金支払い（手数料分差引）

④ 回収金額支払い

信用調査

利用者

取引先

③ 売掛金支払い（通常期日）

【買取型】（３社間）

ファクタリング会社

利用 ① 申込み

② 利用通知

④ 売掛債権 売却

⑤ 買取代金支払い（手数料分差引）

⑥ 売掛金 支払い

利用者

取引先

③ ファクタリング利用承諾

数料のものを利用すると、かえって資金繰りが悪化することがあります。また、ファクタリングの利用を取引先に知られる場合、「経営が厳しいのでは？」などと勘繰られ、信用を損なう可能性もあります。「資金はいま、必要なのか」「投資はいま、すべきなのか」などについて、十分に検討しましょう。

なお、ファクタリングには大きく分けてもう一種、**保証型ファクタリング**があります。保証型ファクタリングでは、売掛債権は売却しません。保証料を支払うことで万一の回収不能を防ぐ「保険」のようなものとなっています。

貸倒れは、もちろん資金繰りに大きなダメージを与えるので、新規の取引先で信用面に不安がある場合や、与信調査が難しい場合など、連鎖倒産に巻き込まれないために活用するのも一法です。

多様で幅広い資金調達方法と活用のしかた

171

固定資産リースバックの
活用のしかた

売却資産を継続利用できるリースバック

　リースバックとは、「セールス・アンド・リース・バック」とも呼ばれるサービスで、保有している資産を売却して現金化したのち、その売却した資産をそのまま賃貸で利用できるよう契約するしくみのことです。

　売却の対象となる資産は固定資産や機械設備で、事業においては特に不動産の取引で多く利用されています。再売買予約権を行使すれば賃貸契約終了後に買戻しも可能です。

リースバックのメリット

　事務所や店舗を移転せずに、継続的に利用しながらまとまった金額を調達できる点が最大のメリットです。不動産の所有によって継続的にかかっていた維持管理・修繕費用や、固定資産税、各種保険料、減価償却費などのコストも不要となります。所有する不動産が多い場合は、管理にかかる手間や人件費など間接的なコストの削減にも効果が期待できます。また、資産の減少によって貸借対照表がシンプルになり自己資本比率が上昇するため、金融機関からの評価が上がり、以降の融資の際に有利に進められる可能性があります。

　場合によっては、顧客や第三者に知られずに売却できることもメリットといえます。たとえば、「自社ビルを売却するなんて、あの会社は危ないのでは？」といった風評被害にあう危険がありません。

リースバックのデメリット

　一方、通常の売買と比較して売却価格が割安となることや、賃料が相場より高くなることがある点などはデメリットです。建物の場

◎リースバックのしくみ◎

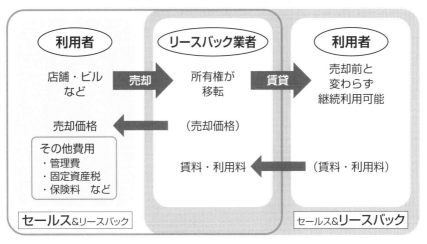

◎不動産担保ローンとの違い◎

	リースバック	不動産担保ローン
概　要	不動産など固定資産を売却後、そのまま利用を続ける	不動産を担保に行なう借入れ
借入の有無	なし	あり
所有権	移転する	移転しない
担保の設定	不要	必要
固定資産利用時の費用	賃貸料	元本＋利息
契約終了時	不動産から退去、固定資産返却など	残金がある場合は担保にしていた不動産を売却し一括返済
その他	利用条件が比較的厳しくない	借入同様の審査あり

合には、自社保有と比べると改修や建替えが制限される、それができても承認プロセスなどをはさむためにスピーディに動けないといった、自由が利かない点もデメリットでしょう。

　買戻しに関しても、一般的に買戻し価格は売却額より高く設定されます。さらに、契約時に買戻しについて定めておかなかったり、契約期間終了時に必要な資金を用意できなかったりすると、買戻しができない場合がある点にも注意が必要です。

不特定多数から少額ずつ資金を調達する

クラウドファンディングとは、インターネット上で起案者がプロジェクトを発信し、その活動や目的に共感・賛同した多くの支援者から少額の資金を調達する方法です。

クラウドファンディングという名称は、英語の「Crowd（群衆）」と「Funding（資金調達）」を組み合わせた造語で、略して「クラファン」あるいは「ソーシャルファンディング」とも呼ばれます。

クラウドファンディングのメリット

クラウドファンディングの資金繰り上のメリットは、基本的に返済が不要で、直接的には手数料とリターンにかかる費用のみを負担すればよい点にあります。また、インターネット上で誰でも手軽に行なえること、金融機関などでは融資を受けられなかったプロジェクトでも熱意や支援に対する返礼品であるリターンによっては成功する場合があることも魅力です。

経営戦略上は、企画段階でテストマーケティングとしてアイデアを検証する形の利用ができることも大きなメリットです。クラウドファンディングの実施自体が自社や商品のＰＲになり、ネット上で展開するため拡散性が高く、ファンの獲得にもつながります。

クラウドファンディングのデメリット

デメリットとしては、調達資金が目標金額に達しない可能性があり、確実性に欠ける点があげられます。そもそも手数料とリターンにかかる費用も織り込んで、目標金額を設定する必要があります。

また、募集期間だけでも平均30〜45日と調達までの期間が長いこ

◎クラウドファンディングの種類◎

購入型	寄付型	投資型（金融型）		
		株式型	**ファンド型**	**融資型**
集めた資金をもとに事業を開始し、リターンとして商品やサービスを後日提供する	リターンの設定なし。社会貢献性が高い事業に向く。活動報告のニュースレター送信などは行なう	リターンは未公開株式および配当。未上場企業の株式に投資してもらう。1億円の調達上限がある	リターンは投資に対する分配金や特典。融資型よりも高利回りの設定とすることが多い	ソーシャルレンディングとも呼ばれるもので、リターンは融資金に対する金利

◎クラウドファンディングの実施方式◎

【All or Nothing 方式】

目標金額

目標到達
・支援金を受け取る
・プロジェクト成立、事業を実行する
・リターンを履行する
・手数料を支払う

目標未達
・支援金は支援者に全額返金
・プロジェクト不成立、事業は実施しない

【All In 方式】

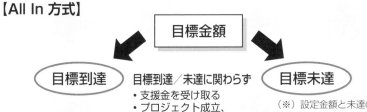

目標金額

目標到達

目標到達／未達に関わらず
・支援金を受け取る
・プロジェクト成立、事業を実行する
・リターンを履行する
・手数料を支払う

目標未達

（※）設定金額と未達の度合いによっては、事業実行前に赤字が確定するが実行義務がある

とにも注意が必要です。

　購入型クラウドファンディングの場合は第三者にアイデアを盗まれ、先行される危険性があります。さらに「All In方式」の場合、プロジェクトは途中で中断できず、調達額が目標に達しなくても事業を実行し、出資者にリターンを提供しなければいけません。

ノンバンク融資の活用のしかた

🏢 ノンバンクとは

　銀行や信用金庫とは異なり、預金の受入れを行なわずに貸金などの与信業務に特化した金融機関のことを「**ノンバンク**」といいます。ノンバンクには、ビジネスローン会社、クレジットカード会社や信販会社、消費者金融業者などが含まれます。

　ノンバンク融資では、個人への貸付けに対しては「総量規制」の対象となっており、貸金業法によって貸金業者から借りられる総額の上限が規制されています。具体的には、「借入限度額上限は年収の３分の１まで」「１社から50万円以上の融資を受ける場合、または、複数の業者から合計100万円以上の融資を受ける場合には、収入証明書の提出が必須」といった規制があります。

　ただし、個人事業者への貸付けでは、事業計画書などの確認によって返済能力を超えないと判定された場合には、例外として前記上限以上の貸付けが認められることもあります。

🏢 ノンバンク融資のメリット

　ノンバンクからの融資の特徴は、何といってもその**スピード**です。業者や商品によっては、審査対応時間内で手続きがすむのであれば、申込日に融資が可能となるものもあります。また、コンビニエンスストアのＡＴＭやＰＣ・スマホアプリで申込みや返済ができるものもあり、他の融資と比べて**利便性が高い**といえます。

　さらに、無担保・無保証人でも借入れできたり、融資対象として小規模企業を想定している場合も多く、経営者の事情をくみ取ってくれるケースがあったりと、比較的**融資条件が低く設定**されています。銀行等で審査が通らなかった場合や、融資実績がまだ浅い場合

◎ノンバンクと銀行・信金の違い◎

	ノンバンク	銀行・信金など
適用される法律	貸金業法	銀行法など
総量規制	対象 ※法人は対象外 ※個人事業主の場合例外あり	対象外
金利	高い	低い
融資のスピード	最短で即日融資も可能	2週間〜1か月以上は必要
一般的な借入限度額	500万円〜1,000万円程度	審査次第で、数千万〜数億円単位も
必要書類	少ない	多い
求められる業歴	特に定めなし。起業資金にも対応できる	3年以上など、ある程度の業歴が求められることも

◎上限金利（2023年1月現在）◎

借入元本	利息制限法の上限金利
10万円未満	年20%
10万円以上100万円未満	年18%
100万円以上	年15%

◎ノンバンクビジネスローンの種類◎

	カードローン型	事業融資型
借入れのしかた	ローンカード	証書貸付
審査方法	AIなどスコアリングによる自動審査	審査担当者
利用限度額	少ない	カードローン型よりは多い

にもノンバンクであれば借入れの可能性が高まります。

🏢 ノンバンクのデメリット

デメリットは**金利が高い**ことです。これは、融資条件の低さとトレードオフの関係にあるため、しかたありません。長期間は避け、短期間で返済可能な額に絞って借り入れるようにすべきでしょう。

また、ノンバンクのなかには現在でも違法な高金利で貸付けを行なういわゆる「ヤミ金」が紛れていることがあります。利用を検討する際には、設定金利が上限を超えていないか、またその業者は金融庁の「登録貸金業者情報サービス」で貸金業者として登録されているかどうか、必ず確認してください。

資金調達で大切なこと

自社の状況に合わせて計画を立てる

さまざまな資金調達方法を見てきましたが、それぞれのメリット・デメリットを理解したうえで、金利や諸条件等の最新の商品情報を確認し、自社の状況に合わせて適切なものを選びたいものです。

自社の状況把握に関しては、やはり通常業務として資金繰り表を作成して日々更新し、キャッシュの動きを管理・確認していく必要があるといえます。1章で触れたように、キャッシュの流れを把握して経営を実践する「キャッシュフロー経営」に欠かせないツールです。具体的なフォーマットや作成法、活用法については3章・5章にまとめられていますので、いま一度よく読み返して理解を深めていただきたいところです。

資金調達の目的を意識する

資金調達においても、目的意識をもつことが大切です。2章で見たように、起業や事業の成長ステージによって資金需要やその内容は変わります。「何に使うための資金か」「いくら必要なのか」「いつまでに調達すべきか」、そして返済が必要なものについては「いつまでに返済すべきか」という点を明確にすることで、ふさわしい資金調達方法は自ずと絞られます。そのなかから最終的には経営者の判断によって、調達を実行するかやその方法が決められます。

その際には、経営層のリーダーシップと、経理・財務担当者の業務知識とフォロワーシップ、その他従業員との意識共有、税理士や中小企業診断士など外部専門家の専門知識・人脈などをかけあわせていくことが有用です。特に、クラウドファンディングや補助金・助成金の申請などにおいては、社内外の関係者がほかの調達方法と

◎状況を確認のうえ、適切な調達を◎

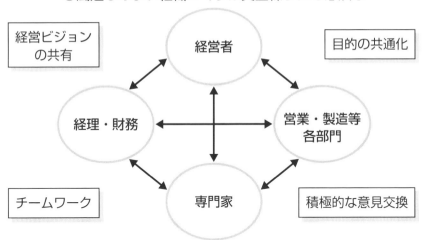

◎風通しのよい組織づくりは資金繰りにも必須◎

比べて多くなりやすく、密なコミュニケーションが求められます。

　こういった全社的な協力体制がとれる透明性のある企業体質・実行体制の構築が重要であることについても、1章・2章をはじめとして多くの章で強調してきました。調達を含む資金計画の成功のためにも、経営計画には、このような組織づくりの面での投資も盛り込むよう留意したいものです。

偽装ファクタリングに要注意

　7-6項でファクタリングについて見てきましたが、ファクタリングを装うヤミ金業者である「偽装ファクタリング」の存在が問題になっています。貸金業登録をしていない違法業者がファクタリングのように見せかけ、実態は売掛債権を担保にして高利貸しを行なっているものです。

　そもそもファクタリングは「売買契約（債権譲渡契約）」であり、貸金業ではないため、利息を請求できません。金融庁でも以下に当てはまる場合は、貸付け疑いありとして注意喚起を行なっています。

①ファクタリングとして勧誘を受けたが、契約書に「債権譲渡契約（売買契約）」であることが定められていない

②ファクタリング業者から受け取る金銭（債権の買取代金）が、債権額に比べて著しく低額である

　また、日本貸金業協会によると、偽装ファクタリングの可能性が高いケースとして以下のようなものがあげられています。

- 売掛債権譲渡契約に償還請求権が付いている
- 売掛債権譲渡契約を結んだことを取引先に通知しない
- 申込人の通帳、銀行印、キャッシュカードを預かる
- 金銭消費貸借契約を締結し、代表者や家族に保証人になることを求める
- 小切手、手形を担保に入れさせる
- 申込人の発行済み株式を譲渡担保とし、印鑑証明書、役員変更に関する登記委任状を提出するよう求められる
- 売掛金（現金）の受取りが、銀行等からの送金ではなく手渡しでされる
- 契約書の写し、領収書などの書類が渡されない
- 手数料（債権額と買取額の差）が年率換算にすると、事実上、利息制限法の制限を超えた高金利になっている

　怪しいと感じたら、金融庁や全国の財務局、日本貸金業協会、警察の相談ダイヤル#9110などに相談したり、問い合わせたりするようにしてください。

おわりに

　本書で繰り返し述べてきた点は、いい会社に向かっていくための資金繰りの基本とやり方です。経営者が日ごろから考えておかなくてはならないこともいろいろと述べてきましたが、要は、その企業に合った財務基盤と収益構造を確立して、ふだんから財務分析に努力を傾けなくてはならないということです。

　資金繰りというのは結局のところ、「入」「出」「残」の３つをコントロールすることですから、それらの根拠を把握して、そのうえでどんなリスクがあるのかを予測することが経営の問題です。

　資金繰り表で残高がマイナスになるということは、手元にお金がないだけでなく、"非常事態"ととらえて対策しなさい、という警告です。そんな非常事態になる前に対策するのが「資金繰り」です。

　企業のお金はぐるぐる回転していますが、成長しているときほど必要な資金も増えているという事実に気をつかいなさい、というのはドラッカー氏も述べています。

　本書ではあまり数値的なアドバイスには触れていませんが、やはり「自己資本比率」が高いことは世間的な信用を得るという意味ではカギになるはずです。ただし、過剰に借入れに依存しなければ十分です。無借金が理想というわけではないことは、本文でも述べてきたとおりです。繰り返しになりますが、念のために確認させていただきました。

　最後になりましたが、本書を出版するにあたり多大なご支援をいただいたアニモ出版の小林良彦氏と関係者の皆さまに深く感謝申し上げます。本書が成長する企業の一助となることを信じてやみません。

神谷　俊彦

【執筆者プロフィール】

神谷俊彦（かみや　としひこ）監修および１章を担当
大阪府出身。大阪大学基礎工学部卒業。中小企業診断士、ＩＴコーディネータ、Ｍ＆Ａシニアエキスパート。富士フイルム(株)にて技術・マーケティング部門で35年勤務後、独立。現在、（一般社団法人)城西コンサルタントグループ（ＪＣＧ）会長として、会員とともに中小企業支援を行なっている。同時に、ものづくり経営コンサルタント会社(株)ケービーシーを設立して代表取締役に就任し、現在に至る。得意分野は、ものづくり支援、海外展開支援、ＩＴ化支援。著書・共著書に、『図解でわかる経営計画の基本 いちばん最初に読む本』『図解でわかるＤＸ いちばん最初に読む本』『図解でわかる品質管理 いちばん最初に読む本』（以上、アニモ出版）など多数ある。

石神荘理（いしがみ　そうり）２章、６章を担当
東京都出身。横浜国立大学経済学部経済システム学科卒業。中小企業診断士、公認会計士・税理士、システム監査技術者。(株)東芝入社後、ソリューション営業、商品企画、クラウド導入支援などのシステム関連業務に従事した後、ＫＰＭＧコンサルティング(株)およびＰwＣあらた有限責任監査法人で、会計士として法定監査および経営コンサルティング活動に従事する。その後、独立。現在、石神荘理公認会計士・税理士・中小企業診断士事務所の代表として、新規事業の立上げ支援や会計・税務顧問などの中小企業を中心とした各種支援ならびに技術者向け会計セミナー講師などを行なっている。（一般社団法人)城西コンサルタントグループ所属。共著書に『図解でわかる経営計画の基本 いちばん最初に読む本』(アニモ出版）などがある。

二和田裕章（にわだ　ひろあき）４章、５章を担当
東京都出身。立教大学経済学部経営学科卒業。税理士・ＭＢＡ。東京都内の税理士事務所のべ４事務所に計18年勤務し、中小企業の会計税務、東京証券取引所上場企業の税務コンサルティング、相続税コンサルティングに従事する。その後独立し、二和田裕章税理士事務所の代表ならびにスワローズネスト・コンサルティング(株)の取締役として、中小企業および個人事業主の会計税務を中心に支援業務を行なっている。2021年にスワローズネスト・コンサルティング(株)の代表取締役に就任（水口若菜との複数代表取締役）し、現在に至る。（一般社団法人)城西コンサルタントグループ税務顧問。

水口若菜（みずくち　わかな）３章、７章を担当
富山県出身。早稲田大学商学部卒業。中小企業診断士。静岡エフエム放送(株)、楽天(株)ポータル事業カンパニーインフォシーク、(株)oricon MEなどにて、メディアにおけるサイト運営管理およびマーケティングに従事。その後、独立。2016年にスワローズネスト・コンサルティング(株)を設立、代表取締役社長に就任し現在に至る。得意分野は、Ｗebサイト企画立案・構築・運営、Ｗebマーケティング、事業企画立案。（一般社団法人)城西コンサルタントグループ理事。参加著書に、『中小企業診断士２次試験ふぞろいな合格答案 2010年版 エピソード３』（同友館）などがある。

（一般社団法人）城西コンサルタントグループ（略称：ＪＣＧ）

国家資格の中小企業診断士を中心に公認会計士、税理士なども含めた130余名のコンサルタントが所属している経営コンサルタントグループ。2009年に発足し、首都圏を中心に全国のお客様にコンサルタント活動・研修セミナー・各種調査・執筆事業を行なっている。会員による個別企業の経営コンサルティングを行なうのはもちろん、企業が抱えるさまざまな課題（売上・利益改善、事業承継など）に対して、多彩な専門分野をもっている会員たちでベストチームを組んで、的確にかつスピーディな診断や助言を行ない、お客様から高い評価をいただいている。

『図解でわかる原価計算の基本としくみ』の監修のほか、『図解でわかる経営計画の基本 いちばん最初に読む本』『図解でわかるＤＸ いちばん最初に読む本』『図解でわかる品質管理 いちばん最初に読む本』『問題解決手法の基本と活用法』など神谷俊彦会長はじめ会員メンバーの著書が多数ある。

本　　部：東京都新宿区新宿2丁目5－12
　　　　　FORECAST新宿AVENUE　6階
ＵＲＬ：https://jcg-net.com/
mail：　info@jcg-net.com

すぐに役立つ！
資金繰りで困る前に読む本

2023年2月15日　初版発行

編著者　神谷俊彦
著　者　石神荘理・二和田裕章・水口若菜
発行者　吉溪慎太郎
発行所　株式会社アニモ出版
　　　　〒162-0832 東京都新宿区岩戸町12 レベッカビル
　　　　TEL 03(5206)8505　FAX 03(6265)0130
　　　　http://www.animo-pub.co.jp/